La Guerra de Invierno

Una guía fascinante de la guerra ruso-finlandesa entre Finlandia y la Unión Soviética

© Copyright 2020

Todos los derechos reservados. Ninguna parte de este libro puede ser reproducida de ninguna forma sin el permiso escrito del autor. Los revisores pueden citar breves pasajes en las reseñas.

Descargo de responsabilidad: Ninguna parte de esta publicación puede ser reproducida o transmitida de ninguna forma o por ningún medio, mecánico o electrónico, incluyendo fotocopias o grabaciones, o por ningún sistema de almacenamiento y recuperación de información, o transmitida por correo electrónico sin permiso escrito del editor.

Si bien se ha hecho todo lo posible por verificar la información proporcionada en esta publicación, ni el autor ni el editor asumen responsabilidad alguna por los errores, omisiones o interpretaciones contrarias al tema aquí tratado.

Este libro es solo para fines de entretenimiento. Las opiniones expresadas son únicamente las del autor y no deben tomarse como instrucciones u órdenes de expertos. El lector es responsable de sus propias acciones.

La adhesión a todas las leyes y regulaciones aplicables, incluyendo las leyes internacionales, federales, estatales y locales que rigen la concesión de licencias profesionales, las prácticas comerciales, la publicidad y todos los demás aspectos de la realización de negocios en los EE. UU., Canadá, Reino Unido o cualquier otra jurisdicción es responsabilidad exclusiva del comprador o del lector.

Ni el autor ni el editor asumen responsabilidad alguna en nombre del comprador o lector de estos materiales. Cualquier desaire percibido de cualquier individuo u organización es puramente involuntario.

Tabla de contenido

INTRODUCCIÓN 1
CAPÍTULO 1 - EL GRAN DUCADO DE FINLANDIA 3
CAPÍTULO 2 - LA GUERRA CIVIL FINLANDESA............................11
CAPÍTULO 3 - ENTRE LA ESPADA Y LA PARED 15
CAPÍTULO 5 - NEGOCIACIONES, "ENTRENAMIENTO DE ACTUALIZACIÓN", Y EL BALANCE DE FUERZAS 27
CAPÍTULO 6 - EL MÁS GRANDE FINLANDÉS DE TODOS LOS TIEMPOS 37
CAPÍTULO 7 - EL INFIERNO EN LA NIEVE....................................43
CONCLUSIÓN: DERROTA, PERO NO DERROTADA 61
VEA MÁS LIBROS ESCRITOS POR CAPTIVATING HISTORY 65
BIBLIOGRAFÍA...66

Introducción

En diciembre de 1940, el Primer Ministro británico Winston Churchill pronunció un discurso sobre un conflicto en el que algunas figuras destacadas de Gran Bretaña y Francia, incluido el propio Churchill, debatieron brevemente la idea de ir a la guerra con la Unión Soviética, a pesar de que ya estaban luchando contra Adolfo Hitler. Aunque esa idea fue rápidamente descartada, el resumen de Churchill de la lucha entre Finlandia y la URSS fue mordaz en sus críticas a la Unión Soviética de Joseph Stalin y lleno de alabanzas a los finlandeses.

Toda Escandinavia vive bajo amenazas nazis y bolcheviques. Solo Finlandia, soberbia, no, sublime, en las fauces del peligro, muestra lo que los hombres libres pueden hacer. El servicio prestado por Finlandia a la humanidad es magnífico. Lo han expuesto, para que todo el mundo vea, la incapacidad militar del Ejército Rojo y de la Fuerza Aérea Roja. Muchas ilusiones sobre la Rusia soviética se han disipado en estas pocas y feroces semanas de lucha en el Círculo Polar Ártico. Todos pueden ver cómo el comunismo pudre el alma de una nación; cómo la hace abyecta y hambrienta en la paz, y la prueba base y abominable en la guerra.

Por supuesto, la guerra hace aliados poco comunes, y un año más tarde, Churchill se encontraría aliado con la Unión Soviética contra Alemania y Finlandia. Es una saga interesante, con raíces en la historia imperial rusa y el deseo de los finlandeses de ser libres en sus bosques del norte.

Capítulo 1 - El gran ducado de Finlandia

En el siglo XVI, el territorio que ahora llamamos la nación de Finlandia quedó bajo control sueco. Antes de eso, los finlandeses existían en una serie de pequeños y grandes reinos, condados, áreas tribales y territorios de clanes. Con el tiempo, estos vinieron y se fueron, y fueron sometidos, en gran parte, al control o la influencia de sus vecinos más grandes y poderosos, a saber, Suecia y Rusia.

Desde el siglo XVI hasta 1809, Finlandia fue un gran ducado de Suecia. El jefe de estado titular era el gran duque, que era otro título para los reyes suecos. En 1807, el zar ruso Alejandro I y el emperador francés Napoleón Bonaparte firmaron los Tratados de Tilsit, que pusieron a Rusia y a Francia frente a los enemigos de Napoleón, Gran Bretaña y Suecia (entonces una fuerza a tener en cuenta en el norte de Europa). Por supuesto, esto fue antes de la invasión de Napoleón a Rusia en 1812. Sin embargo, en 1807, el joven zar de Rusia estaba asombrado por Bonaparte, al igual que muchos otros en Europa.

Como parte de su acuerdo, Napoleón acordó que Rusia debía controlar Finlandia, y en 1808, Rusia invadió el gran ducado sueco de Finlandia. Los rusos encontraron difícil la lucha en Finlandia, algo que volverían a descubrir 120 años después, pero en un año, el territorio había sido absorbido por el Imperio ruso.

Esto ocurrió por dos razones. Primero, los finlandeses, aunque lucharon una valiente y tenaz guerra de guerrillas contra los rusos, no podían esperar resistirse a los números rusos. Esta también sería la misma historia más de un siglo después.

Segundo, como Alejandro I había prometido a Napoleón y a su estado satélite de Dinamarca, los rusos lucharon con Suecia en el oeste, forzando a los suecos a decidir qué era más importante para ellos, las tierras salvajes de Finlandia o el acceso al Atlántico a través del Báltico y el Mar del Norte. Así que los suecos eligieron ceder Finlandia a los rusos, lo que muchos finlandeses vieron como una traición.

Aunque Suecia había gobernado Finlandia durante siglos, los finlandeses gozaban de un alto nivel de autonomía y, aunque había problemas ocasionales, los finlandeses y los suecos, que eran una gran minoría, lograron coexistir en relativa paz. Incluso hoy en día, hay partes de Suecia donde se habla finlandés y viceversa. Además, los finlandeses y los suecos compartían una visión religiosa común en el luteranismo, mientras que los rusos practicaban otra forma de cristianismo conocida como ortodoxia oriental. Muchos finlandeses temían que se vieran forzados a convertirse y que el número de rusos los abrumara en su propio país.

Aunque fue el acuerdo de Napoleón con el zar Alejandro lo que causó que Finlandia fuera absorbida por Rusia, en cierto modo, los finlandeses podían estar "agradecidos" a Napoleón, ya que él pronto empezó a ver a Rusia como su próximo objetivo para una invasión. La resistencia finlandesa a la invasión rusa fue suficiente para convencer a los rusos de que necesitarían mantener una fuerza sustancial en Finlandia para poder controlarla, una fuerza que rápidamente llegaron a creer que necesitarían contra los franceses.

En 1809, se llegó a un acuerdo entre el zar y el parlamento finlandés. Finlandia formaría parte de Rusia y pagaría impuestos a la

Corona Rusa, pero disfrutaría de un alto nivel de autonomía. El zar Alejandro también devolvió a Finlandia algunos territorios que habían sido tomados por Rusia en otros conflictos. Además de hacer que los finlandeses pagaran impuestos, tendrían que luchar en las guerras de Rusia, pero, al menos bajo Alejandro I (que reinó de 1801 a 1825), los finlandeses tenían una relativa libertad en sus propios asuntos, aunque un gobernador general ruso supervisaría el ducado en nombre del zar.

No obstante, hacia el final del reinado de Alejandro, las cosas empezaron a cambiar. Dos años antes de su muerte, un nuevo gobernador general ruso llamado Arseny Zakrevsky fue nombrado, y era mucho más duro de lo que los finlandeses (y los suecos finlandeses) estaban acostumbrados. También estaba profundamente involucrado en las intrigas palaciegas rusas e intentó poner a Finlandia bajo el control directo de quien creía que sería el próximo zar después de Alejandro. Mientras tanto, enfureció a muchos finlandeses con edictos e interferencias en sus asuntos.

Zakrevsky apostó al caballo equivocado en la carrera por el trono ruso, y el sucesor de Alejandro, Nicolás I, se comprometió a mantener la autonomía de Finlandia, pero en el transcurso de las décadas siguientes, se produjo una rusificación cada vez mayor en Finlandia. Los conservadores del gobierno ruso presionaron para que el pueblo finlandés usara el idioma ruso en su escuela, tribunales y prensa. Las clases altas finlandesas estaban divididas: algunos de ellos se volvieron voluntariamente más "rusos" en lo que respecta a la política y la cultura, y adoptaron hábitos, dietas y vestimentas rusas como una forma de ascender en la escala social o en posiciones más poderosas. Otros se resistieron a la rusificación, pero esto no significó que salieran a las calles o que libraran algún tipo de guerra de guerrillas. Fue más bien una resistencia silenciosa realizada con pensamientos, hechos y discursos.

Durante los años 1830 y 1840, las olas de nacionalismo barrieron Europa, impulsadas por el movimiento romántico en las artes. Los finlandeses también se vieron atrapados en esto, y presionaron por más y más autonomía. Este movimiento también presionó por más democracia, y Rusia experimentó cierta agitación en su capital de Petrogrado (ahora conocida como San Petersburgo), que estaba situada justo al otro lado de la frontera finlandesa, en 1830/31. Esto, a la manera rusa, fue reprimido con cierta dureza, pero los disturbios no se extendieron a la propia Finlandia. Nicolás I esencialmente dejó Finlandia sola hasta aproximadamente 1850.

Para 1850, las olas de nacionalismo también habían empezado a llegar a Finlandia, en forma del movimiento Fennómano, que esencialmente promovía la lengua y la cultura finlandesas. Elementos más extremos de este movimiento exigían el rechazo de la ortodoxia rusa en el país y la unificación de todos los finlandeses en un solo país, ya que había importantes poblaciones finlandesas en Suecia, Rusia y Estonia (que habla un idioma estrechamente relacionado con el finlandés).

Este movimiento y el espíritu del nacionalismo finlandés se unieron en la publicación de la epopeya nacional finlandesa conocida como el *Kalevala*, que hablaba de la antigua mitología finlandesa y de los antiguos héroes, como el guerrero Vänämöinen. (Para ser claros, la mitología finlandesa no es la mitología nórdica, aunque hay algunas similitudes).

La publicación nacional del *Kalevala* y el movimiento para enseñar y publicar en finlandés llevó a una reacción en el gobierno ruso, la élite sueca (que dominaba la academia), y, lo más importante, el zar Nicolás I, que, como tantas otras personas antes que él, se volvió más conservador con la edad.

Durante la guerra de Crimea, que tuvo lugar entre 1853 y 1856, los rusos lucharon contra los ingleses, franceses y turcos. Durante la guerra, las flotas aliadas bombardearon los fuertes e islas de la costa finlandesa, causando un gran resentimiento entre los finlandeses, la mayoría de los cuales sintieron que no tenían nada que ver con la lucha de Rusia en la lejana Crimea. Además, los ataques fueron un impacto, ya que, en ese momento, todos los periódicos estaban en ruso, y la mayoría de los finlandeses no leían ese idioma. En respuesta, hubo demandas para que el pueblo utilizara más el idioma finlandés, así como más autonomía para el parlamento finlandés.

Cuando Nicolás I murió en 1855, su sucesor, Alejandro II, adoptó una línea más liberal con Finlandia. Esto ocurrió por varias razones. En primer lugar, Alejandro era generalmente un líder más liberal. En segundo lugar, el espíritu progresista que había animado a Europa occidental en los años 1830 y 1840 estaba ahora encontrando un hogar en Rusia, y Alejandro lo personificaba. Aunque algunos finlandeses pensaban que Alejandro no les permitiría mayores libertades, ya que lo que querían para su parlamento y su prensa ni siquiera estaba permitido en la propia Rusia, Alejandro sabía que oponerse a sus deseos en ese momento solo le traería más problemas, los cuales no podía permitirse, considerando que vendría después de la derrota en la guerra de Crimea.

Alejandro también fue un reformador en casa, pero para muchos, el zar era un símbolo de opresión, y así, Alejandro II fue asesinado por revolucionarios radicales en 1881. En respuesta, su hijo, Alejandro III, impuso un gobierno reaccionario y duro como lo habían hecho los predecesores de Alejandro II, y esto afectó no solo a Rusia sino también a Finlandia. Desde la época de Alejandro III (r. 1881-1894) hasta el gobierno de Nicolás II (r.1894-1917), la autonomía de Finlandia se redujo gradualmente, y la mayoría de las reformas de Alejandro II se invirtieron, causando un mayor resentimiento entre los finlandeses.

Entre las muchas cosas causadas por este nuevo programa de rusificación en Finlandia fue una reconciliación entre los finlandeses y la considerable (y relativamente rica) minoría sueca en Finlandia. En parte, esto fue traído por un movimiento naciente en Rusia y Europa del Este conocido como pan-eslavismo, que fue la idea de que todos los eslavos deberían estar bajo un mismo techo y que las naciones conquistadas como Finlandia deberían ser gradualmente asimiladas, tanto cultural como demográficamente. Obviamente, esto no funcionó bien con los finlandeses, y llevó a los suecos en Finlandia más cerca de sus primos escandinavos también.

Otra manzana de la discordia fue el éxito económico de Finlandia. Finlandia tenía una economía más avanzada que era menos feudal y más industrial que la de Rusia, y esto generó resentimiento en la capital rusa. Los nacionalistas rusos, dentro y fuera del gobierno, pidieron al zar que aumentara los impuestos en Finlandia, lo que a su vez provocó cada vez más resentimiento entre los finlandeses y ayudó a crear movimientos socialistas y comunistas en Finlandia, algo que tendría consecuencias hasta el estallido de la guerra de invierno en 1939.

Adicionalmente, Nicolás II nombró a un general, Nikolay Bobrikov, como gobernador general de Finlandia, y pronto se convirtió en el hombre más odiado del país. Bobrikov trató a Finlandia como su propio feudo, instituyendo leyes e impuestos sin consultar a los finlandeses en absoluto. El que fuera una vez un ejército finlandés semiindependiente fue disuelto en 1901, y en su lugar se instituyó un servicio militar obligatorio, que exigía que los finlandeses sirvieran cinco años en el Ejército Imperial Ruso. Esto podría significar el estacionamiento en Ucrania, que estaba a 700 millas de Helsinki, o incluso más lejos: por ejemplo, Vladivostok, en la costa del Pacífico de Rusia, estaba a 6.125 millas de la capital finlandesa. Antes de que los viajes en avión se hicieran más comunes, los soldados casi nunca volvían a casa a esas distancias.

En 1905, cuando Rusia fue derrotada en la guerra ruso-japonesa y la revolución apareció brevemente en Rusia, muchos de los principales finlandeses vieron la oportunidad de recuperar algunas de sus libertades perdidas. Volvieron a crear su parlamento, declararon el sufragio universal (incluyendo a las mujeres algo que ninguna otra nación europea había hecho hasta ese momento) y redactaron una nueva constitución. Sin embargo, todo fue en vano, ya que el sucesor de Bobrikov, Piotr Stolypin, fue aún más duro con las minorías de

Rusia. Esto continuó hasta el comienzo de la Primera Guerra Mundial.

La Primera Guerra Mundial no fue inesperada. En los años anteriores al estallido de la guerra en 1914, muchas personas en Europa y en todo el mundo sabían que era solo cuestión de tiempo antes de que los principales países de Europa lucharan entre sí. En Finlandia, los nacionalistas se prepararon en secreto para un levantamiento contra el zar, y unos doscientos finlandeses (que llegaron a ser más de 1.500 al final de la guerra) viajaron a Alemania para formar el vigesimoséptimo batallón Jäger ("cazador"), que luchó contra los rusos en el Frente Oriental.

La mayoría de los hombres que sobrevivieron a la guerra y regresaron a Finlandia lucharon más tarde en la guerra civil finlandesa en 1918, que estalló después de la abdicación del zar Nicolás II y la revolución bolchevique en Rusia. El zar Nicolás II de Rusia abdicó de su trono en 1917, y el gobierno provisional de Alejandro Kerensky tomó el poder hasta que fueron depuestos por la facción comunista de Vladimir Lenin, conocida como los bolcheviques. Lo que siguió en Rusia tuvo grandes implicaciones para Finlandia.

Lenin retiró inmediatamente las fuerzas rusas (ahora conocidas como Unión de Repúblicas Socialistas Soviéticas, la Unión Soviética, o simplemente la URSS para abreviar) de los campos de batalla de la Primera Guerra Mundial. Alemania impuso un draconiano tratado de paz a Rusia y se llevó toda Ucrania y una gran parte de Rusia occidental para sí misma. Lenin, con las manos llenas para formar un nuevo estado y luchar en una guerra civil contra los partidarios del antiguo régimen zarista, no tuvo más remedio que aceptar estos términos.

Durante algún tiempo, antes de la caída del zar en Rusia, había habido una guerra de guerrillas de bajo nivel por la independencia en Finlandia. Este movimiento fue una reacción a las duras medidas e intentos de rusificar la nación. En la época de la Revolución

Bolchevique, muchas personas en Finlandia estaban presionando por la independencia de Rusia, ya fuera de forma activa o privada.

El 6 de diciembre de 1917, Finlandia declaró su independencia de Rusia, que se celebra hoy como el Día de la Independencia de Finlandia. Como Lenin estaba muy ocupado, firmó la independencia de Finlandia prácticamente sin condiciones.

Ilustración 1: Carta al parlamento finlandés de Lenin con su firma, aceptando la independencia de Finlandia

Capítulo 2 - La guerra civil finlandesa

Finlandia fue un territorio de Rusia por más de cien años. Durante gran parte de ese tiempo, los finlandeses gozaron de un nivel de autonomía que ningún otro pueblo del Imperio ruso había disfrutado, pero como vimos en el capítulo anterior, los gobernadores rusos, a finales del siglo XIX y principios del XX, comenzaron a tratar de imponer cada vez más la cultura rusa en Finlandia y con frecuencia negaron las acciones del parlamento finlandés.

Con el ascenso de los bolcheviques en Rusia, que reclamaban mayor autonomía para los pueblos del Imperio ruso, Finlandia exigió la independencia y, para sorpresa de muchos en todo el mundo, la obtuvo.

Sin embargo, qué tipo de gobierno iba a tener Finlandia era todavía una gran pregunta. Lenin no concedió la independencia a Finlandia sin un plan en el fondo de su mente. Sabía que había un importante Partido Comunista Finlandés y que eran muy fuertes en las ciudades de la nación, donde vivía la mayoría de la población.

En la guerra civil rusa, que tuvo lugar entre 1917 y 1921, los comunistas eran conocidos como los rojos, ya que el rojo representaba la "sangre de los trabajadores". A ellos se les oponían los blancos, ya que el blanco había sido el color de muchas de las familias reales de Europa. En Finlandia, era lo mismo: rojo para los comunistas, blanco para los conservadores (hay que mencionar que no existía una familia real finlandesa, aunque había aristócratas que tenían títulos desde la época de la dominación imperial rusa). Mientras que los rojos eran fuertes en las ciudades, los blancos eran fuertes en el campo y entre la élite, que incluía la aristocracia, los negocios y los grandes terratenientes. En 1917, la población de Finlandia era de solo 3,1 millones de habitantes, pero a diferencia de hoy, la mayoría de ellos vivían en el campo, en pequeños pueblos y aldeas. La mayoría de estas personas tendían a ser conservadoras en sus perspectivas.

Apoyando a los rojos finlandeses, los bolcheviques en Rusia enviaron las armas que pudieron junto con un pequeño número de tropas rusas. Los blancos fueron apoyados por tropas, armas y dinero de Alemania, que esperaba mantener a los rusos tan débiles como fuera posible y que habían recibido voluntarios finlandeses en su propio esfuerzo de guerra.

Ilustración 2: prisioneros de guerra comunistas masacrados por las fuerzas blancas durante la guerra civil

La guerra no solo se libró en los campos de batalla, sino también en la prensa y en las calles. Hubo ataques violentos y varios asesinatos por motivos políticos. Un gran número de prisioneros blancos perdieron la vida o fueron enviados a campos en Rusia, para no volver nunca. Por el contrario, se estima que doce mil prisioneros rojos murieron por exposición, desnutrición y enfermedades. En total, casi cuarenta mil personas perdieron la vida durante la guerra, la gran mayoría de las cuales eran finlandeses (el resto eran rusos, suecos y alemanes).

Durante la corta guerra civil, que duró desde finales de enero hasta mediados de mayo de 1918, hubo cuatro grandes batallas: la batalla de Tampere, que fue una costosa batalla urbana por la ciudad del mismo nombre, la batalla de Helsinki (la capital de Finlandia), la batalla de Lahti y la batalla de Vyborg. Aunque los rojos ganaron varias escaramuzas menores en la guerra, estas grandes batallas fueron victorias blancas/alemanas, y fueron decisivas. Muchos de los políticos y fuerzas rojas sobrevivientes huyeron a la Unión Soviética. Algunos de ellos aparecerían en el período previo y durante la guerra de invierno.

Después de la guerra civil, una parte de los blancos quería formar una monarquía constitucional con un príncipe alemán como rey finlandés. Las razones de esto son históricas, pero después de mucho debate y a veces de argumentos vitriólicos, se decidió que Finlandia sería una democracia parlamentaria.

A ello contribuyó el hecho de que Alemania había sido derrotada en la Primera Guerra Mundial y los "Tres Grandes", que consistían en Gran Bretaña, Francia y los Estados Unidos, presionaron para que se establecieran repúblicas en Europa. Con la esperanza de conseguir apoyo internacional para su nueva nación y para algunas de sus reivindicaciones territoriales en la URSS (había una considerable población finlandesa en el lado soviético de la frontera), los finlandeses formaron un nuevo gobierno democrático en 1918. Uno de los mayores logros de la nueva nación fue el sufragio universal, las mujeres votaron en la formación del nuevo gobierno y formaron parte de él.

Hubo varios héroes de la guerra civil finlandesa, pero el hombre que salió del conflicto con más fama y notoriedad fue Carl Gustaf

Emil Mannerheim, que desempeñaría un papel central en la guerra de invierno y al que dedicaremos un capítulo en las próximas páginas.

Capítulo 3 - Entre la espada y la pared

El nuevo gobierno de Finlandia era un parlamento de una cámara con un primer ministro como jefe de gobierno y un presidente como jefe de estado, al igual que muchas otras naciones europeas modernas. En los años entre la guerra civil finlandesa y la guerra de invierno, el gobierno finlandés se inclinó más hacia el lado conservador, con muchas de sus figuras principales siendo hombres de negocios más grandes o de viejas familias establecidas.

Aun así, a pesar de sus inclinaciones conservadoras, Finlandia logró mantener un rumbo relativamente moderado en la década de 1930, evitando los extremos tanto a la izquierda como a la derecha. A medida que se acercaba 1939, el partido más izquierdista era el Partido Socialdemócrata de Finlandia, que era años luz más moderado que los comunistas, la mayoría de los cuales habían sido llevados a la clandestinidad o habían huido a la Unión Soviética. A la derecha había una serie de partidos, desde el movimiento Lapua hasta el movimiento Popular Patriótico, que tenía vínculos con Mussolini y Hitler, pero estos partidos, al igual que los comunistas, estaban al margen de la sociedad finlandesa, especialmente después de que el movimiento Lapua intentara un golpe de estado en 1932.

En sus relaciones exteriores, Finlandia estaba entre la espada y la pared. Su geografía hacía inevitable el trato con la Unión Soviética, y aunque muchos finlandeses dentro y fuera del gobierno odiaban a la URSS y a los rusos en general, no había otra opción que llevarse bien con Stalin.

Por otro lado, el creciente poder de la Alemania nazi también exigía la atención de los finlandeses. Aunque muchos finlandeses veían a Hitler con alarma y precaución, también habían sido ayudados por Alemania en la guerra civil finlandesa. Alemania bajo el Káiser Guillermo II había enviado armas y hombres a Finlandia antes del final de la Primera Guerra Mundial, ayudando a los finlandeses en su lucha contra los comunistas, que recibían dinero, armas y hombres de la URSS. Pero, como otros en Europa, Finlandia vio el ascenso de Hitler al poder mundial con alarma.

Una opción que le quedaba a Finlandia era algún tipo de sistema de alianza o una relación más estrecha con sus vecinos más pequeños. Alinearse con Francia y Gran Bretaña era una opción que se exploraba, pero cualquier movimiento para establecer una alianza militar estaba lleno de peligros, no solo para los finlandeses sino también para los aliados occidentales. A Gran Bretaña y Francia les preocupaba que cualquier alianza con Finlandia le arrastrara a una guerra con la Unión Soviética, y Alemania tampoco vería con buenos ojos una alianza de este tipo. Recordemos que la población de Finlandia era de poco más de tres millones de personas en 1939, mientras que las poblaciones de la URSS y Alemania eran de alrededor de 150 a 170 millones y 70 millones, respectivamente.

De esos vecinos más pequeños, el más rico y "poderoso" era Suecia. Los lazos de Finlandia con Suecia eran antiguos, y muchas personas de ascendencia sueca (una de ellas era Mannerheim) vivían en Finlandia, y viceversa. Aunque Finlandia había sido parte del Reino de Suecia antes de 1809, las relaciones entre los dos países eran buenas, y se hacían muchos negocios entre ellos.

Sin embargo, Suecia estaba en una posición similar a la de Finlandia. Aunque no compartía frontera con la Unión Soviética, la gigantesca nación todavía proyectaba una gran sombra. En muchas naciones del mundo en ese momento, los agentes soviéticos y los comunistas nativos trabajaban para socavar el orden social capitalista y forjar un camino hacia el poder para el comunismo. Si eso no fuera suficiente para dar a Suecia una pausa, el poderío militar de la Unión Soviética, al menos sobre el papel, lo habría sido.

Y aunque a la mayoría de los suecos no les gustaba Hitler y su régimen, Suecia hizo cada vez más negocios con la Alemania nazi a medida que pasaban los años 30. De hecho, Suecia era una fuente importante de hierro y gran parte del níquel de Alemania, así como de otros recursos. Aunque una alianza con Finlandia no habría sido necesariamente mal vista por Hitler, cualquier cosa que hiciera a Suecia más fuerte y más probable a rechazar las "peticiones" de Hitler no sería algo bueno.

Por último, desde hacía algún tiempo Suecia había adoptado la política de mantenerse neutral, al igual que Suiza, en los conflictos que no amenazaran al propio país. Una alianza formal con Finlandia implicaría una violación de esa política.

Pero, aunque oficialmente se mantiene neutral, Suecia vendió un número limitado de armas a los finlandeses y sus servicios de inteligencia compartieron mucha información. En ocasiones, los ejércitos de ambos países, especialmente sus pequeñas armadas, realizaron ejercicios juntos. Aun así, esto estaba muy lejos de cualquier tipo de pacto de defensa mutua.

El único tipo de pacto de ayuda mutua que los finlandeses fueron capaces de hacer en los años anteriores a la guerra fue con la pequeña y recién independizada nación de Estonia. Estonia, como Finlandia, había sido parte del Imperio ruso, pero obtuvo su independencia después de la revolución bolchevique. Las otras dos naciones bálticas, Letonia y Lituania, consideraron la idea de entrar en este acuerdo, pero como estaban aún más cerca de Alemania que de Finlandia y aún cerca de la Unión Soviética, decidieron que era mejor tratar de caminar por una fina línea entre las dos grandes potencias.

Finlandia y Estonia compartían algo más que una antipatía hacia la URSS. Junto con Hungría, Finlandia y Estonia comparten una raíz lingüística. La rama finougria de los idiomas europeos solo son hablados por estas tres naciones, y el húngaro está tan distante de los otros dos como para ser ininteligible. Los finlandeses y estonios, sin embargo, pueden entenderse lo suficiente. También comparten una historia relacionada, ya que están al otro lado del Mar Báltico.

Hubo un gran problema con el acuerdo finlandés-estonio. Mientras que las dos naciones intercambiaban información útil en ocasiones, ninguna de ellas representaba una gran amenaza para los soviéticos. Estonia es mucho más pequeña que Finlandia geográficamente, y su población era incluso menor que la de los finlandeses: poco más de un millón de personas, donde sigue estando hoy en día. Al final, el acuerdo no supuso mucho y, junto con los finlandeses, los estonios se encontraron con el objetivo de la Unión Soviética de Josef Stalin.

Capítulo 4 - La amenaza roja

La revolución bolchevique y la guerra civil rusa, que tuvo lugar entre 1917 y 1922, dieron a Finlandia cierto tiempo para establecer su gobierno y su sociedad en sus propios términos. Al derrotar a los rojos en su propia guerra civil, los finlandeses claramente se burlaron de Lenin y del Partido Comunista de la Unión Soviética en el poder.

Durante la época de Lenin, algunas de las naciones que no habían estado en el Imperio ruso por mucho tiempo o que habían estado en su órbita intermitentemente pudieron lograr su independencia. Finlandia era una; los Estados Bálticos eran otros tres. El otro estado europeo que se convirtió en una nación en la época posterior a la revolución bolchevique y a la Primera Guerra Mundial fue Polonia, que en varias ocasiones se había dividido entre la URSS, Alemania, Austria y Hungría.

Para los demás pueblos del Imperio ruso, como los ucranianos, georgianos, armenios y azerbaiyanos, la revolución bolchevique y el ascenso de los comunistas no cambiaron nada, y el hombre que ostentaba el título de Comisario del Pueblo de las Nacionalidades de la República Socialista Federativa Rusa, que era el nombre de Rusia dentro de la Unión Soviética, no era otro que un tal Iosif (Josef) Vissarionovich Dzhugashvili, un georgiano que se convirtió en la encarnación de Rusia y que fue conocido por todo el mundo simplemente como Stalin, su alias, que significa "Hombre de Acero".

Vladimir Lenin sufrió su primer ataque en mayo de 1922. En diciembre de ese año, sufrió un segundo ataque. Aunque disminuido por sus ataques, Lenin permaneció en la cima de la pirámide del poder en la URSS, pero entre bastidores, Josef Stalin y su archienemigo, León Trotsky, compitieron por el poder.

Entre su primer y tercer golpe, que le golpeó en marzo de 1923, Lenin reunió lo que se convirtió en su voluntad política y su testamento. En él, claramente favorecía a Trotsky como futuro líder de la URSS, aunque creía que era egoísta, prepotente y distante. Trotsky también era un administrador muy capaz y había dirigido el Ejército Rojo durante la guerra civil rusa.

De Stalin, que había crecido lentamente en el poder dentro del Partido Comunista, Lenin dijo:

> Stalin es demasiado burdo, y este defecto que es totalmente aceptable en nuestro medio y en las relaciones entre nosotros como comunistas, se vuelve inaceptable en el cargo de Secretario General. Por lo tanto, propongo a los camaradas que conciban un medio para destituirlo de este puesto y que nombren para este puesto a otra persona que se distinga del camarada Stalin en todos los demás aspectos solo por el único aspecto superior de que debe ser más tolerante, más cortés y más atento con los camaradas, menos caprichoso.

Después de una larga lucha con muchos altibajos, Lenin murió el 21 de enero de 1924. Casi inmediatamente, Stalin se abalanzó. Trotsky, que había estado al lado de Lenin para el ascenso al poder de los bolcheviques, estaba en la región del Cáucaso descansando, y no se le notificó la muerte de Lenin y no estuvo visiblemente en el funeral para dar un panegírico, como hicieron Stalin y otros líderes del partido.

Stalin entonces se colocó como el heredero elegido por Lenin, aunque el contenido de la carta de Lenin fue leído a la dirección comunista. Stalin, en una rara muestra de humildad, ofreció renunciar a su recién adquirido puesto de secretario general del Partido Comunista, pero su oferta fue rechazada porque mostraba penitencia. Stalin dio a continuación una serie de conferencias sobre Lenin y el leninismo, que lo convirtieron, a los ojos del público y de muchos en el partido, en el heredero del lugar de Lenin en el país.

Mientras tanto, como comisario de las nacionalidades, Stalin había puesto a sus propios hombres en posiciones de poder en las diferentes repúblicas de la URSS. Como secretario general, también pudo colocar a sus hombres en los puestos más altos del partido nacional. Al mismo tiempo, Stalin estableció relaciones con los jefes de la policía secreta.

El único cargo de Trotsky era el de comisario del pueblo para asuntos militares y navales de la Unión Soviética, que era una posición de poder. Sin embargo, este poder fue derrochado por la forma arrogante en que trataba a sus subordinados y su subestimación de Stalin como un burdo y no muy brillante campesino georgiano.

En 1924, las cosas llegaron a un punto crítico. Dentro del Partido Comunista, Trotsky dirigió un formidable grupo de personas conocido como la oposición de izquierda, que tomó una postura más radical en muchos temas. También afirmaron que, hacia el final de su vida, Lenin había cometido errores de juicio, permitiendo que la limitada empresa capitalista en su nueva política económica fuera su principal error.

A finales de 1924, Stalin estaba harto de sus partidarios en los lugares de poder que se sentía lo suficientemente fuerte como para hacer su movimiento. Actuó contra los antiguos aliados, los poderosos y conocidos revolucionarios Lev Kamenev y Gregory Zinoviev, y los reemplazó con sus propios hombres. En el transcurso del año siguiente, estos hombres se unieron a Trotsky contra Stalin, pero era demasiado tarde. Con su control de la policía secreta y muchos de los puestos clave del Partido Comunista, no solo en la capital sino también en todo el país, Stalin se había convertido en el hombre más poderoso de la Unión Soviética. En 1927, Trotsky fue puesto en exilio interno, y dos años después, fue deportado. En ese momento, Stalin no se sentía lo suficientemente fuerte como para hacer matar a Trotsky, ya que había sido un héroe de la revolución y todavía era venerado por muchos soviéticos comunes y corrientes. Sin embargo, para 1940 eso había cambiado, y Stalin envió a un asesino para matar a Trotsky, quien lo hizo clavándole un piolet en la cabeza (no un pica hielos como dice la leyenda). El golpe no mató a Trotsky inmediatamente, pero, aunque dio una tremenda pelea, finalmente sucumbió a su herida.

A finales de los años 20, la posición de Stalin era inexpugnable. Tenía el control de todas las palancas de poder y también había publicado una versión muy editada del último testamento de Lenin. En la versión de Stalin, Lenin lo había elegido a él sobre todos los demás para dirigir la URSS. Desde finales de los años 20, nadie se atrevió a cuestionar esta versión de la historia.

A finales de los años 30, Stalin, que se volvió cada vez más paranoico a medida que su poder crecía, comenzó lo que se conoce en la historia como el Gran Terror. Solo en julio de 1937, Stalin ordenó el arresto de más de 250.000 personas. Más de 75.000 fueron ejecutadas por órdenes firmadas personalmente por Stalin y su jefe de la policía secreta (que más tarde fue ejecutado por él mismo).

Esto fue solo el comienzo. Stalin ordenó el arresto de muchos miles de personas, desde las más desconocidas hasta las más poderosas y/o influyentes. En 1937, ordenó dos cosas que han cimentado su lugar como uno de los dictadores más despiadados y totalitarios de la historia. Estos fueron los juicios espectáculo en los que los líderes del Partido Comunista, incluyendo a Zinoviev y Kamenev, así como un antiguo aliado llamado Nikolai Bujarin, fueron puestos en exhibición pública en el tribunal. Fueron reprendidos, torturados física y psicológicamente, y obligados a admitir "el error de sus caminos" antes de ser ejecutados.

Stalin también llevó a cabo una purga de los militares, que se incluyó como parte de estos juicios de exhibición, pero también se hizo en secreto. Esto tuvo un efecto directo en la guerra de invierno y el comienzo de la Segunda Guerra Mundial. Durante la purga militar, los oficiales experimentados fueron removidos por miles y reemplazados por "hombres que dicen sí" sin ninguna habilidad militar y leales a Stalin. Los hombres hábiles que sobrevivieron sufrieron el exilio o la destitución, y muchos de ellos regresaron durante la Segunda Guerra Mundial, pero miles de otros no fueron exiliados, sino que fueron asesinados. Los únicos que quedaron fueron personas demasiado aterrorizadas para contradecir cualquier cosa que Stalin ordenara, lo cual fue un gran problema para los soviéticos, ya que Stalin no era un genio militar.

Esta era la situación dentro de la Unión Soviética en los años anteriores a la invasión soviética de Finlandia. Por supuesto, factores fuera del control de Stalin informaron su decisión de atacar Finlandia en el invierno de 1939.

Una de las cosas que Stalin criticó a Trotsky fue el deseo de este último de fomentar activa y abiertamente una revolución comunista mundial, una ideología que aún no se había establecido adecuadamente en la URSS. Stalin promovió públicamente lo que llamó "Socialismo en un solo país", pero eso no significaba que no trabajara por una revolución mundial gradual entre bastidores, y tampoco significaba que iba a dejar pasar cualquier oportunidad de fortalecer la Unión Soviética si se le presentaba. Y a pesar de toda su retórica comunista, Stalin y muchos otros en el Partido Comunista de la Unión Soviética deseaban restablecer las fronteras del Imperio ruso.

Y ahí es donde se encontraron con problemas, especialmente a medida que pasaban los años 30. En 1933, Hitler llegó al poder en Alemania. A finales de la década, el dictador nazi había establecido

Alemania como *el* poder en Europa central y ya había estado en un conflicto por poderes con la URSS en España, donde el partido fascista "Falange" de Francisco Franco había derrotado finalmente a los comunistas apoyados por los soviéticos en la guerra civil española (1936-1939). A finales del decenio de 1930, Hitler también había anexionado Austria a Alemania, se había apoderado de Checoslovaquia y había ayudado a establecer gobiernos de derecha en Hungría y Rumania, que limitaban con la URSS.

En la primavera de 1939, solo quedaba una nación importante y verdaderamente independiente en Europa central: Polonia. Los Estados Bálticos de Letonia, Lituania y Estonia seguían siendo naciones independientes, pero Stalin sabía que no representaban ninguna amenaza para él, a menos que Hitler llegara primero. Polonia, sin embargo, era otra historia.

Durante la Segunda Guerra Mundial, los polacos perdieron más personas que cualquier otra nación del mundo, alrededor del 20 por ciento de la población de Polonia pereció. Como tantas veces a lo largo de su historia, Polonia sufrió por su ubicación geográfica entre Alemania y Rusia. Una vez que volvió a ser una nación en 1918 después de la Primera Guerra Mundial, los polacos estaban decididos a seguir siendo libres sin importar el costo, y eso la puso directamente en el punto de mira de Hitler y Stalin, tal vez dos de los hombres más despiadados de la historia del mundo.

Afortunadamente para los polacos, su ejército era fuerte, al menos cuando se comparaba con el de otras naciones de su entorno, y estaba dirigido por hombres capaces. Hitler y Stalin eran como lobos que estaban a punto de acorralar a un tejón. Sabían que podían derrotarlo, pero también sabían que iban a salir lastimados en el proceso.

Ilustración 3: A pesar del pacto, nadie creía realmente que Hitler y Stalin permanecerían en paz

Así pues, para mitigar esa lesión, Stalin y Hitler, que antes eran los archienemigos más importantes, acordaron a finales de agosto de 1939 dividir Polonia entre ellos. Hitler obtendría más del "espacio vital" que quería para el pueblo alemán y recuperaría las tierras que le habían sido arrebatadas a Alemania y dadas a Polonia después de la Primera Guerra Mundial. Por su parte, Stalin recuperaría gran parte del territorio ruso anterior a la revolución bolchevique y, lo que es más importante, añadiría cientos de millas de "zona de amortiguación" entre su país y el de Hitler.

Otras partes del pacto nazi-soviético (o el pacto Molotov-Ribbentrop, llamado así en honor a los ministros de relaciones exteriores de ambas naciones) fueron beneficiosas para la Unión Soviética. Se "daría" a los estados bálticos (lo que significaba que Alemania no interferiría cuando Stalin los tomara), así como una parte de Rumania, que Hitler había presionado para que cediera a Stalin. También había un protocolo secreto en el pacto que daba a Stalin garantías de que Alemania no interferiría si Stalin expandía su territorio a Finlandia. Esta última declaración habría conmocionado a los finlandeses, que, aunque se mantenían alejados de Hitler, habían llegado a creer que les ayudaría considerablemente si la Unión Soviética atacaba su país.

A los pocos días de la firma del pacto, Hitler y Stalin atacaron a Polonia, que dio una valiente batalla, pero fue inevitablemente derrotada. Los Estados Bálticos esencialmente "izaron la bandera blanca" y los soviéticos entraron, anexando esas tres pequeñas naciones a la URSS como repúblicas "autónomas" en 1940.

Después de resolver el "problema" polaco, Stalin volvió a mirar a Finlandia, a la que se había acercado en el invierno de 1939 con ofertas que pensaba que reforzarían la posición soviética en el norte en caso de que Hitler decidiera invadir desde esa dirección y/o utilizar Finlandia como representante.

Capítulo 5 - Negociaciones, "entrenamiento de actualización", y el balance de fuerzas

Puede sorprender a muchos que las exigencias de Stalin a Finlandia no fueran tan excesivas, si se puede describir de esa manera el hecho de exigir a una nación que renuncie a partes de su territorio. Además, Stalin ofreció a los finlandeses una negociación; les daría tierras soviéticas que los finlandeses habían tratado de anexar durante la guerra civil finlandesa, conocidas como Carelia Oriental, donde vivían muchas personas de origen étnico finlandés.

A cambio de esta patria ancestral finlandesa, Stalin quería varias cosas. Primero, exigió que el territorio finlandés cercano a la "segunda ciudad" y "hogar de la revolución" de la URSS, Leningrado (antes Petrogrado y hoy San Petersburgo), fuera empujado hacia atrás. El representante de Stalin en las conversaciones, que en realidad era miembro de la policía secreta y no diplomático, declaró que la URSS no confiaba en Alemania y creía que era posible que Hitler tratara de utilizar a Finlandia para atacar a la Unión Soviética desde el norte.

A pesar de las manifestaciones finlandesas de que mantendrían la neutralidad en cualquier conflicto entre las dos grandes potencias, los soviéticos vieron que los voluntarios finlandeses habían luchado por Alemania en la Primera Guerra Mundial (y varios de estos hombres eran ahora oficiales del ejército finlandés) y que Alemania había enviado tanto armas como tropas a Finlandia en su guerra civil contra los rojos finlandeses apoyados por los soviéticos. Las demandas de Stalin también significaban que Finlandia tendría que renunciar a su segunda ciudad más grande, Viipuri (hoy Vyborg), algo que no quería hacer.

Stalin también quería que Finlandia cediera o alquilara un número de islas en el golfo de Finlandia a la Unión Soviética. Esto protegería los accesos a Leningrado y al norte de Rusia por mar. Los soviéticos las armarían con cañones y fortificaciones. En un caso, los soviéticos pidieron que los finlandeses fortificaran una de las islas más grandes con los propios soviéticos armándola y dotándola de personal. Además, los soviéticos acordaron que los finlandeses podían fortificar las Islas Åland, que se encontraban entre Suecia y Finlandia y custodiaban el golfo de Botnia, el brazo norte del Mar Báltico. Estas islas, que eran una parte autónoma de Finlandia (la gente allí era en su mayoría de habla sueca), no podían ser armadas de acuerdo con Suecia, y así, Finlandia se negó.

A cambio de estas concesiones, Stalin ofreció a los finlandeses un pedazo de tierra más grande que el que les había pedido que cedieran. Aunque Carelia Oriental era importante para los finlandeses desde un punto de vista emocional, las tierras allí no eran estratégicas de ninguna manera, y los finlandeses rechazaron esta oferta. Así que, a finales del verano, Stalin y Hitler firmaron su pacto en 1939.

Estaba claro para todos que a pesar del pacto Molotov-Ribbentrop, se avecinaba una guerra entre Hitler y Stalin, como ilustra la caricatura del capítulo anterior. Y Finlandia estaba decidida a permanecer neutral. Si concedía los deseos de Stalin, no solo acercaría su país a la Unión Soviética, cuyo sistema odiaba la mayoría de los finlandeses, sino que también enfadaría a Hitler, y Finlandia hizo mucho comercio con Alemania. Tampoco era completamente imposible que Hitler invadiera el sur de Finlandia, una contingencia que estaba planeada en el ejército finlandés.

Los finlandeses no confiaban en Stalin en absoluto. Habían visto su ascenso al poder, los juicios del espectáculo, el gran terror, y más. Permitirle armar fortalezas isleñas justo en la costa de Finlandia y renunciar a las fuertes fortificaciones que habían construido en la península de Carelia frente a Leningrado pondría a Finlandia en una posición más débil para cuando Stalin decidiera moverse contra Finlandia. La mayoría de los finlandeses apoyaban la postura del gobierno, pero había muchos que creían que Finlandia era increíblemente superada por el Ejército Rojo y que tenían que aceptar la oferta de Stalin. Entre ellos estaba el General Mannerheim, el héroe de la guerra civil y ahora jefe del Consejo de Defensa Finlandés. La opinión de Mannerheim tenía cierto peso, pero a pesar de sus reparos, los finlandeses rechazaron las demandas de Stalin.

Ilustración 4: Situación en otoño de 1939. El mapa es cortesía de genekeyes.com

Con el rechazo finlandés de sus demandas y Hitler marginado por el momento, Stalin ordenó a sus generales que siguieran adelante con la invasión de Finlandia a finales de noviembre de 1939. Ellos, por su parte, elaboraron un plan que pedía que las tropas soviéticas marcharan a través de Helsinki el 21 de diciembre, el sexagésimo cumpleaños de Stalin.

El equilibrio de fuerzas

Sobre el papel, el Ejército Rojo era el más grande del mundo en ese momento. Por supuesto, la mayor parte fue desplegada en el este de Polonia y el oeste de Rusia para defenderse de Hitler en caso de que rompiera el pacto. Otras concentraciones masivas fueron en

Ucrania y en el lejano oriente, ya que Stalin temía que Japón intentara una invasión a la Unión Soviética allí.

Había un total aproximado de dos millones de hombres en el Ejército Rojo cuando comenzó la guerra de invierno. Durante el curso de la corta guerra, los soviéticos utilizaron poco menos de la mitad de estos hombres, ya que las defensas finlandesas eran mucho más robustas de lo previsto. Desafortunadamente para los soviéticos, muchos de sus hombres solo tenían el entrenamiento más básico, aunque algunas tropas de élite, bien entrenadas y disciplinadas participaron, especialmente en la segunda fase de la guerra.

Además de su superioridad en recursos humanos, los soviéticos emplearon entre 300 y 500 aviones en la zona de guerra finlandesa durante el curso de la guerra. También desplegaron entre 1.500 y 3.000 tanques de varios tipos (ligeros, medianos y pesados) y un gran número de artillería. Los totales aproximados no se conocen debido a la falta de transparencia de las fuentes soviéticas (que, después de la guerra, quisieron restar importancia al número de tropas utilizadas contra Finlandia, por razones que se harán evidentes) y a las infladas cifras de las fuentes finlandesas, que aumentaron el número de soviéticos contra ellos.

Para contrarrestar esas fuerzas, los finlandeses desplegaron entre 300.000 y 350.000 hombres, algo menos de *40* tanques y unos 120 aviones. Si no conoce nada de la guerra de invierno, podría pensar que ya conoce el resultado basándose solo en estos totales, pero hay más.

Los finlandeses tenían dos ventajas que no deben ser subestimadas. En primer lugar, luchaban por su país y se enfrentaban a los antiguos opresores coloniales y a un sistema que odiaban. En segundo lugar, conocían el terreno en el que se libraría la guerra como la palma de su mano.

Los soviéticos también tuvieron que lidiar con otras desventajas. Una ya ha sido mencionada anteriormente: sus tropas, en su mayoría, eran reclutas apenas entrenados. Segundo, como los finlandeses luchaban en territorio familiar, los hombres del ejército rojo no lo hacían. Tercero, y esto puede sorprender a muchos que están familiarizados con la historia del ejército rojo en la Segunda Guerra Mundial, la mayoría de las tropas soviéticas no estaban equipadas para luchar en el frío invierno de Finlandia. Más de una cuarta parte de sus más de 200.000 bajas se produjeron en forma de congelación.

Y, por último, el Ejército Rojo estaba dirigido por hombres que tenían muy poca experiencia en dirigir hombres, y los que lo hacían no estaban dispuestos a contradecir ninguna orden de arriba con la que no estuvieran de acuerdo. Como se mencionó en un capítulo anterior, las purgas de Stalin afectaron no solo a sus enemigos políticos y a gran parte de la sociedad soviética, sino también al Ejército Rojo. El cuerpo de oficiales fue diezmado. Muchos de los que habían sido removidos de sus posiciones también fueron removidos de sus vidas, aunque algunos fueron "rehabilitados" cuando Hitler invadió la URSS en 1941.

Tres de los cinco mariscales de la Unión Soviética fueron retirados, así como 13 de los 15 comandantes del ejército, 8 de los 9 almirantes de flota, 50 de los 57 comandantes de cuerpo y 154 de los 186 comandantes de división. Además, el Ejército Rojo tenía un sistema en el que los oficiales del Partido Comunista seguían de cerca a los altos mandos para asegurarse de que no solo seguían las órdenes y preservaban la disciplina, sino que también actuaban con el espíritu del "marxismo-leninismo", como se llamaba entonces el sistema. Estos hombres tampoco eran inmunes: los 16 comisarios del ejército fueron removidos, y 25 de los 28 comisarios del cuerpo también lo fueron. A medida que la purga continuaba, los oficiales de menor rango fueron purgados, aunque las proporciones no eran tan grandes como las de los de arriba. El Ejército Rojo no era lo que parecía en el papel, pero aun así era una fuerza poderosa y equipada con algo de la tecnología líder de la época.

"Entrenamiento de actualización"

Después del pacto nazi-soviético y la división de Polonia entre Hitler y Stalin, los finlandeses estaban seguros de que la guerra les llegaría, sobre todo porque estaban tan decididos a rechazar cualquier otra exigencia soviética, que se produjo a finales de octubre, principios de noviembre de 1939. En esta última ronda de conversaciones, los finlandeses ofrecieron ceder la zona de Terijoki, una pequeña zona portuaria frente a Leningrado, pero esto era mucho menos de lo que pedían los soviéticos.

Aunque los finlandeses esperaban que se reanudaran las conversaciones, tampoco descartaron la idea de que Stalin atacara e intentara tomar lo que no le dieran, por lo que comenzaron a movilizar sus fuerzas armadas. Sin embargo, no lo llamaron "movilización" y no hicieron llamamientos en todo el país para que sus tropas (muchas de las cuales eran cuadros del tipo de la guardia nacional que tenían que dejar sus "trabajos diurnos" y unirse a sus unidades) no alarmaran a los soviéticos. En cambio, los finlandeses dieron órdenes locales a sus tropas para que recibieran "entrenamiento de actualización" en la zona cercana a la frontera soviética. La mayoría de los hombres sabían que este "entrenamiento de actualización" era un llamado a las armas, por lo que se llevó a cabo con la mayor disciplina.

Al mismo tiempo, las tropas finlandesas comenzaron a reforzar una línea ya fuerte de fortificaciones cerca de la frontera soviética en el istmo de Carelia, cerca de Leningrado. Esta se llamaría la línea Mannerheim, nombrada en honor al general y jefe del concejo de defensa finlandés. Este cinturón defensivo había sido iniciado después de la guerra civil finlandesa en previsión de que la Unión Soviética intentara recuperar territorio perteneciente al antiguo Imperio ruso. A lo largo de los años, la línea había crecido desde una serie de búnkeres de troncos no reforzados hasta un moderno cinturón defensivo con campos entrelazados de posiciones de ametralladoras, búnkeres de hormigón armado, un elaborado sistema de trincheras, kilómetros de alambre de púas y minas. Gran parte de la limitada oferta de artillería de Finlandia se encontraba en la línea Mannerheim. Desafortunadamente para los finlandeses, sufrían una gran escasez de cañones antitanque, pero en el transcurso de los tres meses siguientes, improvisarían y darían al mundo una nueva arma y una nueva palabra, de la que hablaremos más adelante.

Complementando las fuerzas finlandesas estaba el Lotta Svärd, un grupo auxiliar femenino creado durante la guerra civil finlandesa como parte de las fuerzas blancas. Su nombre proviene de la viuda ficticia de un soldado finlandés que va al frente en lugar de su marido. La Lotta Svärd de la época de la Guerra de Invierno no luchó realmente en el frente, aunque algunas de las enfermeras y otras auxiliares femeninas (cocineras, carteros, etc.) llevaban armas blancas. Las "Lottas" también se hicieron cargo de los trabajos de muchos de los hombres que entraron en el ejército, al igual que las mujeres en los EE. UU. El símbolo de la "Lotta Svärd" está abajo y nos trae un poco de trivialidades interesantes. Está junto al símbolo de la fuerza aérea finlandesa, como se ve en un avión de la época.

Como puede ver, los nazis no fueron los únicos en usar el símbolo de la esvástica. De hecho, los finlandeses la habían usado mucho antes de que Hitler llegara al poder. En Finlandia, como en muchas otras naciones (Japón, por ejemplo), es un símbolo no solo de buena suerte sino también de antiguas religiones paganas. Hoy en día, los aviones de la fuerza aérea finlandesa no usan la esvástica, pero se usa en las insignias militares y en las banderas de las unidades. Los nazis finlandeses, por otro lado, no usan el símbolo, pero se han apropiado de una antigua runa nórdica, que los finlandeses no usaban. El debate sobre el uso de las esvásticas sigue en curso en Finlandia hoy en día.

El incidente de Mainila

En sus guerras en Manchuria y China en la década de 1930, los japoneses utilizaron dos operaciones de "bandera falsa", que habían sido llevadas a cabo por sus operativos con el objetivo de hacer parecer que los chinos realmente los habían atacado. Sin embargo, el mundo no creyó a los japoneses.

En 1939, la Alemania nazi orquestó una operación similar en una estación de radio en la frontera germano-polaca con el objetivo de hacer parecer que los polacos habían atacado una estación de radio alemana en Alemania. Nadie creyó a los nazis.

La Unión Soviética llevó a cabo su propia operación de falsa bandera para hacer parecer que los finlandeses los habían atacado. El 26 de noviembre de 1939, los cañones soviéticos abrieron sus propias posiciones en Mainila, una aldea rusa situada a pocos kilómetros al norte de Leningrado. Los soviéticos afirmaron que el fuego de artillería provenía del lado finlandés de la frontera y que murieron entre 20 y 25 soldados soviéticos.

Durante los tres días siguientes, los finlandeses y los soviéticos libraron una guerra de palabras en la prensa sobre el incidente, y los finlandeses propusieron una comisión de países neutrales para investigar el asunto. Por supuesto, los soviéticos rechazaron esto; ya habían decidido la guerra, y el 29 de noviembre, rompieron formalmente las relaciones diplomáticas con Finlandia.

El examen de los documentos finlandeses de la época indica que no había armas finlandesas al alcance de la aldea; de hecho, habían sido trasladadas desde la frontera para evitar precisamente ese incidente. Tras la caída de la Unión Soviética, se encontraron archivos que demostraban sin duda alguna que el incidente fue desarrollado y llevado a cabo por la Unión Soviética.

El 30 de noviembre, al día siguiente de haber roto las relaciones con Finlandia, la Unión Soviética renunció a su pacto de no agresión con Finlandia y comenzó su invasión.

Los soviéticos también tenían un cuadro de comunistas finlandeses viviendo en su país, refugiados de la guerra civil finlandesa. Dirigidos por Otto Kuusinen, se precipitaron detrás de los soviéticos y establecieron la República Popular de Finlandia en una pequeña ciudad finlandesa justo al otro lado de la frontera. Hicieron llamamientos a los trabajadores y campesinos finlandeses para que se levantaran contra sus "opresores capitalistas y aristocráticos", pero el llamamiento no fue escuchado. Incluso los finlandeses de izquierda odiaban a los rusos y se unieron al ejército finlandés en masa.

Capítulo 6 - El más grande finlandés de todos los tiempos

En 2004, el gobierno finlandés publicó una encuesta: "¿Quiénes fueron los mejores finlandeses de la historia?". El ganador, con diferencia, fue Carl Gustaf Emil Mannerheim, el hombre que llevó a Finlandia a la guerra de invierno y a la guerra de continuación.

En la época de la guerra de invierno, Mannerheim ya era una figura admirada por la mayoría de los finlandeses; los de la izquierda no se preocupaban por él. Había sido testigo y parte de algunos de los más grandes eventos de la historia finlandesa antes y después de su independencia de Rusia.

Mannerheim nació en Askainen, Finlandia, en junio de 1867 en el seno de una familia aristocrática de origen sueco-alemán. Askainen está en la costa oeste de Finlandia, donde todavía viven muchos suecos. Como muchos de su clase social, Mannerheim se unió al ejército, en este caso, fue el ejército ruso. Entró en la caballería y sirvió en la Guardia de Caballería de élite y formó parte de la guardia de honor en la coronación de Nicolás II en 1896. Sirvió en la corte de Nicolás durante algún tiempo y se hizo muy conocido por el zar y su familia.

De 1904 a 1905, Mannerheim se distinguió en la guerra ruso-japonesa, y fue uno de los pocos oficiales rusos que salió de esa derrota con mejor reputación. Entre 1906 y 1909, emprendió un arduo viaje a través de Asia para llegar a China e investigar los planes del gobierno chino para la parte occidental de su nación, cerca de la frontera rusa. Esto fue en los días previos al ferrocarril transiberiano, y Mannerheim hizo gran parte de su viaje a caballo, a pie y en carreta. Se reunió con el Dalai Lama y muchas otras figuras importantes de la zona, y se ganó la reputación de ser no solo un militar sino también un aventurero y un diplomático.

Cuando estalló la Primera Guerra Mundial, Mannerheim fue nombrado comandante de la Brigada de Caballería de la Guardia de élite y luchó contra Austria, Hungría y Rumania, donde fue citado por su valentía. Luego fue nombrado comandante de división en 1915. En el invierno de 1917, Mannerheim regresaba a Finlandia de permiso y se encontró en Petrogrado (la actual San Petersburgo) cuando estalló la revolución de febrero, que acabó por poner en el poder al Gobierno Provisional de Alejandro Kerensky y depuso al zar.

Cuando Mannerheim volvió al servicio, fue ascendido a teniente general.

Cuando estalló la revolución bolchevique ese otoño, Mannerheim cayó bajo sospecha, ya que era parte de la aristocracia. Entonces eligió retirarse, y regresó a Finlandia, pero su retiro no duró mucho, ya que la guerra civil finlandesa pronto comenzó. Como aristócrata que estaba en la guardia del zar y su confidente, Mannerheim, por supuesto, se unió a las fuerzas blancas y pronto fue nombrado su comandante. Durante el conflicto, los escuadrones de terror blancos asesinaron a los agitadores rojos e izquierdistas y fueron responsables de la matanza de prisioneros de guerra rojos. Mucho de esto fue puesto a la puerta de Mannerheim, ya que él era, después de todo, el comandante de las fuerzas blancas, y esto lo persiguió en cierta medida dentro de Finlandia hasta la guerra de invierno. Una vez finalizada la guerra civil, algunos aristócratas finlandeses quisieron establecer una monarquía finlandesa con un príncipe alemán como rey (Alemania tenía un exceso de príncipes, y muchos alemanes habían ocupado los tronos de varios países europeos a lo largo de los siglos XIX y XX). Estos aristócratas, viendo los éxitos iniciales de la ofensiva de la primavera alemana de 1918, creyeron que los alemanes ganarían la guerra y que un alemán en el trono de Finlandia solo podría fortalecer su nuevo país.

Mannerheim, con mucha más experiencia militar que estos hombres, creía que los Aliados derrotarían a Alemania y que la idea, aunque apelaba a sus creencias aristocráticas, nació para fracasar, lo que hizo con la derrota del Káiser Wilhelm II. Hacia el final de la guerra civil, Mannerheim se acercó a Gran Bretaña y a los Estados Unidos para el reconocimiento de una Finlandia independiente. Cuando Alemania fue derrotada, el príncipe Friedrich Karl renunció al trono finlandés, y Mannerheim fue nombrado regente hasta que se pudiera establecer un gobierno permanente. Las potencias occidentales también reconocieron una Finlandia independiente gracias a los esfuerzos de Mannerheim.

A pesar de la aparente creencia innata de Mannerheim en la superioridad de la aristocracia, no abogó por un rey finlandés sino por un ejecutivo fuerte. Creía que la política partidista a menudo ponía al país en segundo lugar y a los políticos en primer lugar. Los finlandeses rechazaron este tipo de política y crearon el parlamento unicameral que existe hoy en día, aunque tiene un primer ministro y una presidencia, muy parecido a Francia.

Entre la guerra civil y la guerra de invierno, Mannerheim se retiró, formando y trabajando para varias organizaciones benéficas. También trabajó en la junta de un gran banco finlandés y en la ahora mundialmente famosa compañía Nokia, que entonces se centraba principalmente en la madera y el papel.

Durante el período entre las guerras, Mannerheim fue abordado a menudo por los partidos de derecha (algunos más extremos que otros) para ayudarles a tomar el poder, donde se le pondría a cargo como dictador militar. Aunque Mannerheim apoyaba algunas de las ideas de los derechistas (con la excepción de los puntos de vista raciales más extremos), rechazó esta oferta. Cuando Hungría, Rumania y España se convirtieron en países fascistas en el decenio de 1930, los finlandeses rechazaron las opiniones de la extrema derecha y declararon ilegales varios de esos partidos. Los comunistas finlandeses que quedaban vivían en la clandestinidad o al otro lado de la frontera en la URSS.

A principios de los años 30, dos presidentes finlandeses prometieron a Mannerheim que, si Finlandia entraba en guerra, sería nombrado mariscal de campo y se encargaría de las fuerzas armadas. Aunque Finlandia estaba en paz en 1933, Mannerheim fue nombrado mariscal de campo. Con este fin, trabajó para equipar al ejército finlandés y establecer pactos o asociaciones de defensa mutua, como se mencionó en un capítulo anterior.

El ritmo del rearme finlandés en la década de 1930 consternó a Mannerheim, que llegó a creer cada vez más que Finlandia estaría en guerra en un futuro próximo. Los diversos gobiernos finlandeses en el poder en los años 30 tenían otras prioridades o creían que el rearme enfurecería a la Unión Soviética y posiblemente a Alemania. A veces, a finales de los años 30, Mannerheim escribió y firmó muchas cartas de renuncia sobre el tema del rearme y estaba a punto de firmar y entregar otra cuando estalló la guerra de invierno.

Personalmente, Mannerheim era un hombre taciturno con un porte regio. Era alto, delgado y de constitución poderosa. Era tranquilo bajo presión, pero tenía un temperamento que mantenía bajo estricto control. Aunque muchos finlandeses con creencias izquierdistas desconfiaban de él, durante el período previo a la guerra de invierno, cuando muchos políticos finlandeses estaban a favor de dejar a los finlandeses de tendencia izquierdista fuera del ejército o de meterlos en la cárcel por ser "poco fiables", Mannerheim fue célebremente citado diciendo, "No necesitamos preguntar dónde estaba un hombre hace quince años". Incluyó a oficiales de izquierda en su personal y apoyó la inclusión de la izquierda en la lucha por venir.

A muchos fuera de Finlandia les sorprendería que el hombre que fue votado como "el más grande finlandés de todos los tiempos" no hablara realmente finlandés. Esto no era raro, especialmente entre aquellos de herencia sueca del oeste del país. Además de eso, el finlandés es un idioma notoriamente difícil de aprender. Mannerheim tuvo que depender de un traductor para arreglárselas hasta los cincuenta años. Hablaba sueco en casa, alemán y ruso con fluidez, inglés bastante bien y algo de francés. Algunos finlandeses desconfiaban de Mannerheim por esto y porque estuvo en el Ejército Imperial Ruso antes de la independencia finlandesa. A veces, Mannerheim firmaba documentos oficiales "Kustaa", la forma finlandesa de Karl, para superar este prejuicio. Más a menudo, sin embargo, firmaba "C. G. Mannerheim", ya que odiaba el nombre "Emil", o simplemente "Mannerheim". Al final de la guerra de invierno, nadie cuestionó su lealtad a Finlandia.

En las negociaciones con la Unión Soviética antes de la guerra, Mannerheim apoyó la idea de arrendar las islas que los soviéticos solicitaron y renunciar a algún territorio en el istmo de Carelia a cambio de territorio más al norte. El mariscal de campo creía que ante el abrumador número del Ejército Rojo y la falta de preparación de las fuerzas armadas finlandesas, era solo cuestión de tiempo que Stalin consiguiera lo que quería de todas formas. Sin embargo, Mannerheim, aunque su opinión era importante, no lo era el gobierno, y los finlandeses, como hemos visto, rechazaron todas las "ofertas" soviéticas.

A pesar de sus dudas, cuando llegó la guerra, Mannerheim se dedicó a la causa, y llegó a personificar el espíritu finlandés de *sisu*, que la Universidad de Finlandia define acertadamente como "fuerza de voluntad, determinación, perseverancia, y actuar racionalmente frente a la adversidad".

Capítulo 7 - El infierno en la nieve

Cuando las personas piensan en la guerra de invierno, la imagen de arriba es probablemente lo que imaginan en sus mentes. Finlandeses, perfectamente a gusto en los bosques y el frío, vestidos de blanco, esquiando silenciosamente alrededor, a través, entre y en medio de los rusos aterrorizados, que murieron por centenares. Esto es absolutamente cierto, pero mientras eso ocurría, la mayoría de los combates más duros tuvieron lugar a lo largo de la estática Línea

Mannerheim que había sido establecida por los finlandeses en el istmo de Carelia al noreste de Leningrado en los años anteriores a la guerra. El istmo era un puente natural entre el golfo de Finlandia y el lago Ladoga, lo que significaba que había muy poco espacio para maniobrar. Esto permitió a los finlandeses concentrar su menor número en un lugar específico, donde los rusos se hicieron pedazos durante meses en las defensas inquebrantables de los finlandeses.

Al norte del istmo de Carelia, Finlandia es una tierra de bosques y lagos aparentemente interminables, incluso hoy en día. En la década de 1930, existían muy pocos caminos en estos bosques, y los que existían eran en su mayoría caminos de tierra, en su gran parte desconocidos para los rusos, pero bien conocidos por los finlandeses. Fue allí donde los finlandeses soltaron la mayoría de sus tropas de esquí contra el Ejército Rojo.

Como la guerra civil española que había comenzado en 1936, la guerra de invierno fue un presagio del conflicto mundial que vendría, y comenzó con lo que se convirtió en algo común en 1939 y 1945: el bombardeo de objetivos civiles. En la mañana del 30 de noviembre de 1939, la Fuerza Aérea Roja bombardeó la capital de Finlandia, Helsinki. El bombardeo causó daños importantes, mató a 97 personas e hirió a casi 300.

Cuando esto sucedió, el mundo era un lugar diferente de lo que sería solo unos meses después, y los soviéticos fueron objeto de críticas generalizadas por bombardear a los civiles. El presidente de los EE. UU. Franklin Delano Roosevelt pidió a los soviéticos que se abstuvieran de bombardear a los civiles y el ministro de relaciones exteriores soviético, Viacheslav Molotov, le dijo que la URSS solo bombardeaba aeropuertos. Otros también criticaron el bombardeo, a lo que Molotov respondió que los soviéticos solo dejaban caer comida a los "finlandeses hambrientos". Las bombas incendiarias que lanzaron los soviéticos tenían un aspecto de cesta, y los finlandeses, que son famosos por su humor sarcástico, las apodaron "cestas de pan molotov".

Por supuesto, todos reconocemos el nombre "Molotov". Viacheslav Molotov fue el ministro de asuntos exteriores soviético de 1939 a 1949. Winston Churchill, famoso por sus coloridas descripciones de la gente, más tarde lo describió así: "Nunca he conocido un ser humano que representara más perfectamente la concepción moderna de un robot". Esta es probablemente la razón por la que Molotov sobrevivió siendo la mano derecha de Stalin durante décadas.

Para los finlandeses, Molotov y Stalin eran las personificaciones del mal, y decidieron divertirse un poco a costa de Molotov. Los finlandeses no tenían suficientes armas antitanque cuando los soviéticos atacaron, así que improvisaron. Desarrollaron lo que dijeron era "una bebida para acompañar sus paquetes de comida". Lo adivinaron: el famoso "cóctel Molotov". No recibió ese nombre por accidente.

El cóctel molotov es un asunto desagradable, y puede ser bastante efectivo contra vehículos y fortificaciones de hormigón, si se puede acercar lo suficiente. Este tipo de bomba casera se usó en la guerra civil española y otros conflictos menores antes de la guerra de invierno, pero fueron los finlandeses, con su golpe al ministro de exteriores soviético, los que los hicieron famosos.

Los finlandeses comenzaron usando gasolina o queroseno en una gran botella de leche o vodka con un trapo empapado en queroseno (la gasolina se quema demasiado rápido). Muy pronto, el uso de estas bombas se generalizó y se notó su eficacia. El monopolio finlandés del alcohol Alko comenzó a utilizar botellas de vodka para fabricar bombas ya preparadas, y se utilizaron diversas mezclas, como queroseno, alquitrán y clorato de potasio, u otros materiales inflamables y pegajosos. Alko suministró largas mechas y fósforos a prueba de tormentas junto con sus "cócteles". Los soldados individuales también experimentaron con la creación de estos cócteles por sí mismos.

Para usar el cóctel, tiene que estar a una distancia de lanzamiento. Eso requiere mucho coraje cuando se enfrentan a las olas de los tanques soviéticos, y seguro que muchos finlandeses murieron tratando de usar sus bombas. Muchas fuentes y entrevistas de ambos lados dan testimonio de la valentía de los finlandeses, pero no se limitaron a levantarse y correr contra las máquinas soviéticas. También utilizaron otras herramientas y tácticas.

Como se puede imaginar, Finlandia suele estar cubierta de nieve en invierno. El pueblo finlandés donó sábanas, lencería y mantas blancas al ejército, lo que permitió hacer monos blancos para su infantería, y pronto, los soldados finlandeses se mezclaron con el fondo, haciendo un poco más fácil el acercamiento a los tanques y cañones soviéticos. Por supuesto, las tropas de esquí también usaban los cócteles, pero usarlos en los esquís no era tan frecuente, ya que requería mucha habilidad. Como nota al margen, uno pensaría que el Ejército Rojo también habría usado trajes de nieve, pero parece que esto no se les ocurrió al principio, probablemente porque esperaban una rápida victoria. Sin embargo, después de unas semanas y la reorganización de sus fuerzas, más soviéticos comenzaron a vestirse de blanco.

Los cócteles podrían ser usados en las tropas también, pero las tropas podrían salir del camino más fácilmente y rodar en la nieve para apagar el fuego. Los hombres en tanques, especialmente los que estaban empantanados en la nieve y el barro del bosque, no tenían a dónde ir. A los finlandeses se les enseñó a apuntar a las ranuras de ventilación y observación del tanque, lo que les permitiría cocinar a los hombres de dentro, una muerte horrible que aterrorizaba a los hombres soviéticos y minaba la moral.

El foco principal del ataque soviético fue el istmo de Carelia, que era el foco de las demandas soviéticas, ya que buscaban una zona de amortiguación para Leningrado. Fue allí donde los finlandeses establecieron la Línea Mannerheim, que en los años 30 se había reforzado en la mayoría de los lugares con búnkeres de hormigón armado.

En la Línea Mannerheim, los finlandeses disfrutaron de varias ventajas durante un tiempo. En primer lugar, los soviéticos tenían un espacio limitado para maniobrar. Esencialmente trataron de abrumar a los finlandeses con sus números, pero esto no funcionó, ya que el espacio limitado concentraba la fuerza de las unidades finlandesas allí. Además, los finlandeses tenían que hacer el mejor uso de su limitada artillería. Tenían aproximadamente solo 36 cañones por división, y la mayoría de ellos eran de antes de 1918, pero los finlandeses tuvieron mucho tiempo antes de que la guerra empezara para "apuntar" cada cañón en la línea para preestablecer las áreas de objetivo. Utilizando una fuerza de avance por delante de la línea, los finlandeses se enteraron de dónde habían concentrado los soviéticos la mayor parte de sus tropas y lanzaron eficaces bombardeos de artillería.

Las otras ventajas que tenían los finlandeses eran la nieve, la falta de carreteras y las cortas horas del invierno del norte, lo que permitía a los finlandeses acercarse más a los tanques de lo que podían hacerlo a plena luz del sol.

La propia Línea Mannerheim estaba situada a entre 20 y 30 millas de la frontera. Los soviéticos llegaron a la línea una semana después de que la guerra comenzara y concentraron sus primeros ataques en la parte oriental del istmo, a lo largo de la costa del lago Ladoga y la ciudad de Taipale.

Durante la semana siguiente, los soviéticos comenzaron a darse cuenta de que su idea de marchar a Helsinki en pocos días no iba a suceder. En la batalla de Taipale, que duró del 6 al 27 de diciembre, los soviéticos utilizaron dos tácticas que esperaban que funcionaran, ya que habían trabajado anteriormente durante la guerra civil rusa y su breve conflicto con los japoneses en Mongolia en 1938. La primera fue simplemente utilizar oleada tras oleada de hombres. En Taipale, los finlandeses tenían la ventaja de tener un terreno más elevado y una vista sin obstáculos de las oleadas de tropas soviéticas.

Adicionalmente, durante gran parte de la guerra, los soviéticos trataron de separar sus tanques, lo que había resultado útil en su lucha en Mongolia contra los japoneses. En Finlandia, sin embargo, eso no funcionó tan bien. Aislados en la nieve, y con muchos de ellos empantanados (los soviéticos aún no habían desarrollado completamente la idea de tanques más anchos y pistas que permitieran una dispersión más equitativa del peso), los finlandeses con sus trajes blancos y cócteles molotov descendieron sobre ellos.

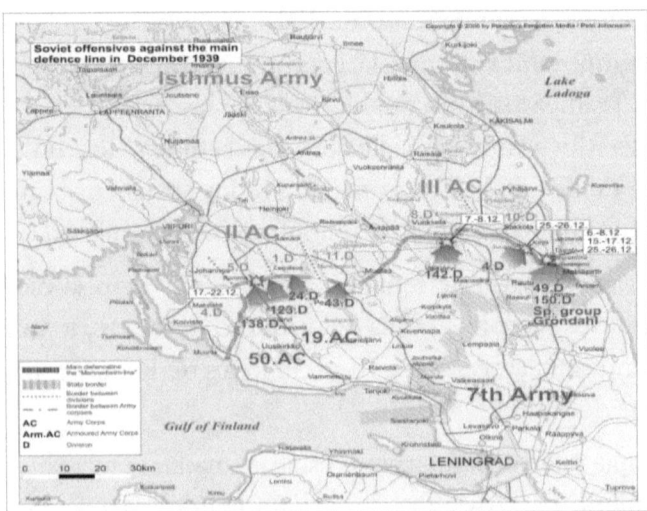

Ilustración 5: Los ataques soviéticos a lo largo de la región de Carelia Línea Istmo/Mannerheim, diciembre de 1939

Los soviéticos intentaron un ataque tras otro en Taipale, y ninguno de ellos logró mover a los finlandeses. Miles de soviéticos murieron, y docenas de tanques del Ejército Rojo fueron destruidos.

Ese invierno fue uno de los más fríos de los que se tiene constancia, alcanzando un mínimo de -45ºF (-43 ºC) el 16 de enero de 1940. Los finlandeses eran de carne y hueso como los soviéticos, pero estaban mejor preparados para las condiciones invernales que sus enemigos. Toda Finlandia está en el norte, y aunque muchos soldados soviéticos estaban íntimamente familiarizados con el frío, muchos de ellos eran de zonas del sur de la URSS. Además, los oficiales soviéticos eran reacios a pedir equipo adicional: hacerlo podría indicar que uno no creía que Stalin hubiera preparado adecuadamente a sus hombres. En la Unión Soviética de los años 30, cualquier crítica, implícita o no, se tomaba como una crítica al sistema y a su cabeza. Quejarse era arriesgar la vida.

Al norte de la Línea Mannerheim

A más de 200 millas al norte, una división soviética de unos 20.000 hombres lanzó un ataque cerca de la ciudad de Tolvajärvi. Aquí, los finlandeses tenían un regimiento y un número de batallones independientes más pequeños de aproximadamente 4.000 hombres. Fue en Tolvajärvi donde nacieron las leyendas de la resistencia finlandesa y de las tropas de esquí.

Al mando de los finlandeses en Tolvajärvi estaba el coronel Paavo Talvela (foto abajo), un veterano del batallón finlandés Jäger que había luchado en la Primera Guerra Mundial y en la guerra civil finlandesa.

En Tolvajärvi y en otras partes del norte, los finlandeses desarrollaron una táctica que puede compararse a lo que algunos depredadores hacen con grandes cardúmenes de peces o manadas de antílopes o cebras en las llanuras africanas. Usando su movilidad, los finlandeses concentraban sus fuerzas para lograr la superioridad local y separar las unidades soviéticas de sus camaradas. Durante la noche y en los bosques y colinas de Finlandia, esto era fácil de hacer (relativamente hablando). Los soviéticos se reunían como los pioneros americanos que rodeaban sus carros en las grandes llanuras cuando eran atacados por los guerreros nativos americanos. Los finlandeses llamaron a estas formaciones *mottis*, o "bolsillos". Destruían estos *mottis* y avanzaban en concierto con otras unidades mientras se movían en la oscuridad. Muchos de los hombres de los *mottis* no solo luchaban contra los finlandeses, sino también contra el frío. A pesar de las órdenes, se encendieron fuegos, haciendo que los soviéticos fueran más fáciles de detectar y dificultándoles a los hombres que estaban dentro del campamento el poder ver hacia afuera.

En Tolvajärvi, los finlandeses mataron a unos 4.000 o 5.000 soviéticos, hirieron a otros 5.000, destruyeron e inutilizaron casi 60 tanques y vehículos blindados soviéticos y destruyeron o capturaron al menos 30 cañones soviéticos. La división soviética original y una división de refuerzo fueron atacadas, con una pérdida de poco más de 100 finlandeses muertos en acción, 250 heridos y 150 capturados.

La victoria dio lugar al ascenso del coronel Talvela a general de división y levantó el ánimo de otros soldados finlandeses. Los civiles en casa, muchos de los cuales tenían familia en el frente, también se animaron con la victoria en Tolvajärvi, que necesitaban. Como si la guerra no fuera suficientemente mala, el gobierno había anunciado la prohibición de bailar y otras reuniones similares durante la guerra, y esto se mantuvo en vigor durante la Segunda Guerra Mundial.

Los finlandeses lograron frenar la ofensiva soviética en el norte e infligir bajas masivas al Ejército Rojo, pero Stalin sabía que podía sufrir mayores pérdidas antes de que hiciera mella en su ejército. Eventualmente, los finlandeses se desgastarían, pero antes de hacerlo, iban a hacer que los soviéticos pagaran por cada centímetro de terreno que tomaran.

En toda Carelia Oriental, las familias finlandesas empacaban lo que podían en trineos, carretas y carros tirados por caballos. A veces tenían que huir en cualquier momento, viendo los fuegos de las aldeas en llamas en el horizonte y a los refugiados llegando a su ciudad con la noticia de que los "Ivans" estaban llegando. A medida que los refugiados se desplazaban hacia el oeste hacia ciudades más grandes u otras aldeas por seguridad, los guardias fronterizos finlandeses y los milicianos intentaban contener a los soviéticos hasta que llegaran los refuerzos adecuados.

En el lejano norte de Finlandia, el puerto de Petsamo en el océano Ártico, que era el único puerto de la nación en ese océano, cayó en manos de los soviéticos después de una breve lucha, pero, aunque intentaron avanzar más hacia el sur, los soviéticos de Petsamo no pudieron hacer más progresos, y las líneas de frente en esa zona permanecieron estáticas hasta el final de la guerra.

En otros lugares, los finlandeses retrocedieron, atrayendo a los soviéticos más y más profundamente en los oscuros y fríos bosques. En la región de Suomussalmi, los finlandeses libraron la batalla que, desde la época de la guerra, ha sido considerada por generaciones de finlandeses como la mayor victoria de la guerra de invierno.

El objetivo soviético en la zona era llegar a la ciudad de Oulu y controlar las carreteras que la rodean. Hacerlo así cortaría a Finlandia por la mitad y supondría un duro golpe para los finlandeses, que podrían verse obligados a aceptar la derrota si su país estaba dividido. La 163ª división de fusileros soviética se trasladó a la zona el primer día de la guerra, el 30 de noviembre.

Ese primer día y alrededor de una semana después, los finlandeses solo tenían un batallón de hombres en la zona, en el pueblo de Raate situado a lo largo de la principal carretera este-oeste (en realidad un amplio camino de tierra, como muchos de los caminos de la zona), que se abría paso a través de densos bosques con lagos a ambos lados. Como verá en los siguientes mapas, y si mira un mapa de Finlandia en general, los lagos se encuentran por todo el país, haciendo que el viaje por el campo sea muy difícil. Esto también permitió a los finlandeses embotellar a los soviéticos en pequeñas áreas contenidas.

Los rojos avanzaron sobre Suomussalmi el 7 de diciembre de 1939 y tomaron la ciudad, que no era más que un montón de ruinas humeantes, ya que los finlandeses la habían incendiado para que los soviéticos se refugiaran del frío. Suomussalmi se encuentra a orillas del Kiantijärvi (lago Kianti), una gran masa de agua. Los finlandeses se retiraron al otro lado del lago para observar lo que los soviéticos harían a continuación y planificar sus tácticas en consecuencia.

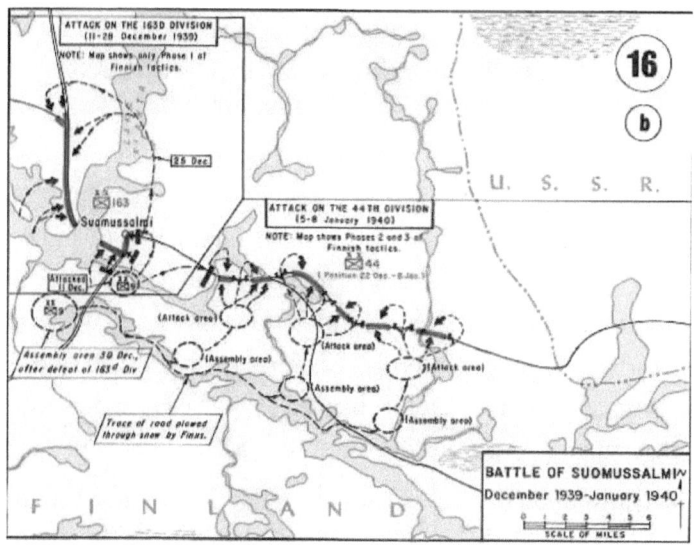

En la esquina izquierda del mapa de arriba, se puede ver que el siguiente movimiento de los soviéticos fue un intento de flanquear las posiciones finlandesas frente a Suomussalmi. Aunque se enfrentaron solo a una parte del batallón, este intento falló.

Otro veterano de los voluntarios finlandeses de la Primera Guerra Mundial, el coronel Hjalmar Siilasvuo, llegó el 9 de diciembre y tomó el mando de las fuerzas finlandesas en el área. Lo primero que hizo fue ordenar un ataque a Suomussalmi, que fue repelido con grandes pérdidas. En el asalto a las posiciones preparadas, en las que los soviéticos habían estado trabajando desde que llegaron, los finlandeses estaban en desventaja. Los soviéticos tenían más ametralladoras pesadas, medianas y ligeras, cañones y vehículos blindados.

Aunque los finlandeses no pudieron recuperar la ciudad, la rodearon y mantuvieron a los soviéticos encerrados en ella. Los soviéticos trataron de romper el cerco varias veces, especialmente en Nochebuena, pero no tuvieron éxito. Para el 27, sin embargo, los finlandeses habían recibido refuerzos, dos regimientos de Jäger altamente entrenados, y retomaron Suomussalmi.

No todos los soviéticos dentro de la ciudad fueron asesinados o capturados, y los que lograron huir escaparon en pánico por el Raate Road hacia la frontera soviética. A lo largo de la carretera, las fuerzas rojas se encontraron con refuerzos soviéticos de la 44ª división de fusileros moviéndose en el área. El resultado fue un enorme atasco de tráfico. Las unidades se enredaron, la disciplina se desmoronó y se recompuso usando métodos severos, y muchos soviéticos simplemente huyeron a los bosques, donde la mayoría de ellos murieron congelados o fueron cazados por los finlandeses, que comenzaron a moverse en los bosques a ambos lados del camino como lobos justo al lado del calor del fuego.

En el transcurso de los siguientes cuatro días, los finlandeses se movieron y esquiaron en círculos alrededor de los "Ivans", cortando las unidades entre sí y eliminándolas una por una. Muchos de estos ataques ocurrieron de noche, haciéndolos aún más aterradores para los hombres del Ejército Rojo. A menudo, escuchaban el comienzo de una batalla justo al final de la línea de ellos en la oscuridad. Los bosques amortiguaban o exageraban el sonido dependiendo de la topografía del área. A veces, la batalla sonaba lejos, y lo siguiente que sabían era que los soviéticos tenían unidades de finlandeses atravesándolos. A veces, las batallas tenían lugar bastante lejos, pero sonaban como si fuera al lado, y los gritos de pánico de sus camaradas ponían al resto de los soviéticos de la zona al límite.

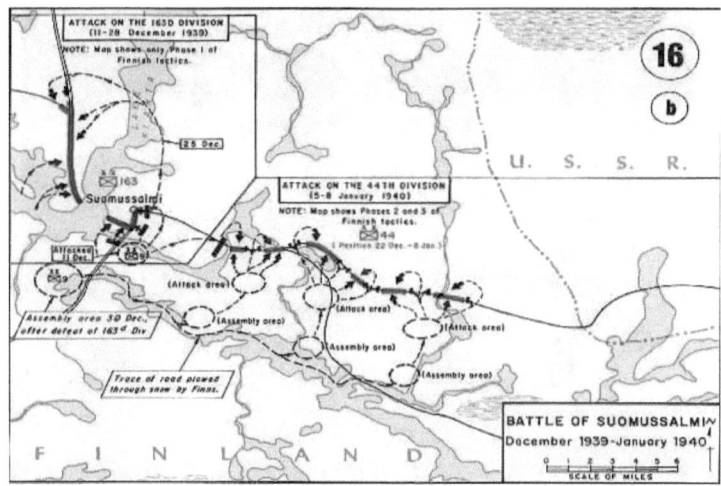

Para el 8 de enero de 1940, los finlandeses habían destruido o capturado a todos los soviéticos de la zona, junto con mucho material, que era muy necesario: 43 tanques, más de 70 cañones de campo, y 29 de los siempre importantes cañones antitanque, junto con camiones, caballos, rifles, ametralladoras y municiones.

A lo largo de los frentes central y norte de la guerra, los finlandeses infligieron grandes pérdidas a los rusos utilizando tácticas de guerrilla. En cientos de escaramuzas, grandes y pequeñas, los finlandeses demostraron lo que un ejército determinado y hábil podía hacer cuando luchaba por su patria.

Como se lee al principio de este libro, Winston Churchill estaba impresionado con los finlandeses, como muchos otros en todo el mundo. Las naciones, especialmente Francia y Gran Bretaña, habían hablado de ayudar a los finlandeses contra los soviéticos. Al final, esto no significó nada, pero solo la idea de que Francia y Gran Bretaña se involucraran fue suficiente para dar a Stalin una pausa cuando los finlandeses enviaron un mensaje de que estaban dispuestos a negociar.

Ilustración 6: En esta caricatura de EE. UU., el tío Sam y las otras grandes potencias "neutrales" discuten el envío de armas a los finlandeses

Aunque los finlandeses fueron admirados por su postura contra los rusos, al final, no recibieron la ayuda que necesitaban para continuar la guerra con éxito. El tiempo, la distancia, las relaciones internacionales y la indecisión se interpusieron en el camino. Unos 8.000 suecos se ofrecieron como voluntarios y lucharon en Finlandia, al igual que varios cientos de noruegos, y los suecos consiguieron enviar en secreto algunas armas pesadas, pero a los finlandeses les faltaba una ayuda significativa.

Los soviéticos terminaron su empuje contra la línea Mannerheim a finales de diciembre. Aquí, los finlandeses habían conseguido frenar el principal avance soviético e incluso habían intentado recapturar Viipuri, un ataque que fracasó con altos costes para ambos bandos. Sin embargo, cuando los combates a lo largo de la línea Mannerheim entraron en una especie de semi-calma, al norte, en el lado norte del lago Ladoga, los soviéticos siguieron empujando.

Los ataques soviéticos iniciales en la zona habían cogido a Mannerheim por sorpresa. Esperaba que el grueso de las fuerzas soviéticas se moviera dentro del istmo, pero los soviéticos intentaban una maniobra de flanqueo hacia el norte con la esperanza de romper las líneas finlandesas y acercarse a la línea Mannerheim por la retaguardia, capturando a los finlandeses allí en un vicio y terminando así la guerra.

Después del avance inicial soviético en territorio finlandés, Mannerheim se vio obligado a tomar reservas de la línea Mannerheim y moverlas hacia el norte hasta la zona del río Kollaa. Aquí, como en el istmo, los finlandeses y los soviéticos se enfrentaron en una guerra de desgaste. De hecho, la batalla de Kollaa duró desde el comienzo de la guerra en diciembre hasta su final a mediados de marzo.

Como la batalla de Suomussalmi, la batalla de Kollaa se convirtió en un punto de encuentro para los finlandeses. Cuando Mannerheim llamó por radio al comandante local, una figura legendaria entre los finlandeses llamada Aarne Juutilainen, le preguntó, "¿Puede Kollaa aguantar?". Juutilainen le hizo una señal, "Kollaa aguantará, a menos que se nos ordene correr". Esa frase, "Kollaa aguantará", se convirtió en un eslogan en la Segunda Guerra Mundial de Finlandia, y todavía se puede oír de vez en cuando una persona se enfrenta a una situación difícil. Juutilainen fue una de las grandes figuras de la guerra y fue apodado "El Terror de Marruecos", por haber servido allí en la Legión Extranjera Francesa. También era conocido por sus fiestas salvajes y de mucha bebida, así como por su liderazgo.

Uno de los hombres que asistió a las fiestas de Juutilainen al menos una vez es probablemente el finlandés más conocido de la guerra de invierno fuera de Finlandia. Ese hombre es Simo Häyhä, apodado "La Muerte Blanca". Häyhä una vez llevó a un soldado soviético capturado a una de las fiestas de Juutilainen y luego lo soltó para que volviera a las líneas soviéticas. El hombre lloró y literalmente suplicó para quedarse con los finlandeses.

El número de muertes de Häyhä, estimado en más de 500, es discutido por algunos. Su diario de guerra, que no fue publicado hasta después de su muerte en 2002, llega a más de 500, y su capellán, que tomó notas durante la guerra, afirma que Häyhä disparó a 536 soldados del Ejército Rojo. Lo que se conoce como una certeza absoluta es que Häyhä se convirtió en una celebridad durante la guerra en Finlandia y que los soviéticos pusieron una recompensa por su cabeza.

Aún más sorprendente que el conteo de muertes de Häyhä es cómo lo hizo sin una mira. Creía que una mira forzaba a un francotirador a levantarse para ver al enemigo, cediendo potencialmente su posición. El destello de una mira podría hacer lo mismo. Häyhä usó una variante del rifle Mosin-Nagant, de diseño ruso y finlandés, y la excelente ametralladora finlandesa, la Suomi KP/-31. Se alega que mató a igual número de rojos con la ametralladora que con el rifle de francotirador.

Ilustración 7: Häyhä durante la guerra

También era una ventaja para Häyhä que fuera pequeño. Apenas medía un metro y medio de altura. Para reducir aún más sus posibilidades de ser visto, se dice que Häyhä puso nieve en su boca para enfriar su aliento y reducir la niebla que hacía al exhalar, y, por supuesto, usaba el famoso camuflaje blanco. Desafortunadamente para Häyhä, fue golpeado en el lado izquierdo de su cara por una bala explosiva hacia el final de la guerra, desfigurándolo permanentemente. Fue un incidente del que le llevó años recuperarse. Durante la mayor parte de su vida, mantuvo su experiencia de guerra en silencio, una cualidad apreciada por los finlandeses, que son conocidos por ser bastante taciturnos. Häyhä pasó el resto de su vida como cazador profesional y criador de perros, a veces incluso dirigiendo cacerías para la élite de Finlandia.

Sin embargo, a pesar del heroísmo de hombres como Häyhä, Juutilainen, Talvela, Siilasvuo y muchos otros, así como el hábil liderazgo de Mannerheim, al cabo, muchos, si no la mayoría, de los finlandeses sabían que el final era inevitable. Los números soviéticos eran demasiado grandes. La pregunta era, ¿podrían los finlandeses infligir suficiente daño a los rojos como para hacerles pensar dos veces antes de tomar el resto del país? ¿Y se prestaría la situación internacional a la causa finlandesa?

Estas preguntas se hicieron más urgentes en febrero en el istmo de Carelia. Durante la última parte de enero y principios de febrero, los soviéticos se detuvieron y se reagruparon. No solo reorganizaron y reforzaron sus unidades, sino que también las reabastecieron con mejores equipos. En primer lugar, dieron a sus tropas de primera línea trajes de nieve para que no se destacaran como blancos fáciles para los finlandeses. También suministraron grandes cantidades de equipo para clima frío. Al igual que los alemanes en 1941, los soviéticos originalmente enviaron a sus hombres a la batalla con la ropa equivocada esperando una rápida victoria. Eso había cambiado.

Adicionalmente, las tropas fueron sacadas de la línea y reentrenadas. Algunos de ellos se convirtieron en tropas de esquí, y más unidades de élite y practicantes de todo tipo fueron traídas de alrededor de la URSS. Lo más importante de todo, los soviéticos cambiaron de comandantes en el istmo de Carelia. El comandante original, Kirill Meretskov, fue retirado del mando. Al comienzo de la Segunda Guerra Mundial, fue arrestado y retenido por la policía secreta durante dos meses, pero se "redimió" durante la guerra y la terminó como mariscal de la Unión Soviética.

Sustituyendo a Meretskov estaba Semyon Timoshenko, que había luchado en la Primera Guerra Mundial y en la guerra civil rusa y era amigo personal de Stalin, lo que le ayudó a sobrevivir a la Gran Purga y le situó entre los comandantes soviéticos de mayor rango. Bajo el mando de Timoshenko, los soviéticos del istmo de Carelia avanzaron, agotando a los finlandeses y provocando la ruptura de la Línea Mannerheim a finales de febrero de 1939.

Conclusión: Derrota, pero no derrotada

A finales de enero, los soviéticos mostraron su voluntad de negociar con los finlandeses. La guerra no iba bien, y Stalin comenzaba a preocuparse cada vez más por Hitler. Stalin necesitaría los casi tres cuartos de millón de hombres involucrados en Finlandia si Hitler decidía invadir la URSS. También devolvieron a los comunistas finlandeses a la Unión Soviética, donde, milagrosamente, Otto Kuusinen sobrevivió hasta la vejez.

Aunque los finlandeses se mantenían firmes en este punto, Mannerheim y otros se dieron cuenta de que, sin una intervención internacional masiva, que parecía cada día menos probable, su causa se perdería finalmente. ¿Por qué no negociar con los soviéticos antes de que el buen tiempo y los largos días hicieran más efectivo el poder aéreo soviético? Aparte de eso, aunque los finlandeses del norte estaban disfrutando de éxitos, muchos *mottis* soviéticos (la palabra finlandesa para las fortalezas cercadas en las que habían encerrado a los rusos) seguían firmes. Sin embargo, no podían romper y avanzar o retirarse. En cambio, mantuvieron ocupados a los finlandeses, lo que afectó a la limitada mano de obra finlandesa.

A finales de enero, los líderes finlandeses debatieron sí, cómo y cuándo acercarse a los soviéticos. En ese momento, el ejército finlandés estaba reteniendo a los soviéticos, pero el 1 de febrero, los soviéticos lanzaron un asalto masivo a la línea de Mannerheim. Timoshenko y el nuevo cuadro de oficiales que se había traído mostraron una habilidad que sus predecesores no tenían, ya que pudieron lanzar las tácticas de blitzkrieg que los alemanes habían utilizado en Polonia en 1939.

En el curso de los siguientes diez días, el Ejército Rojo lanzó asaltos coordinados en la Línea Mannerheim, y el 11 de febrero irrumpieron en la ciudad de Summa. La ruptura de la línea en Summa hizo que los finlandeses se retiraran a lo largo de la línea a otra línea de defensa menos formidable que había sido preparada al comienzo de la guerra.

El agotamiento, la disminución de los suministros, la falta de cañones antitanque a una escala significativa y la reducción de los recursos humanos comenzaron a afectar a los finlandeses, a pesar de su continua y obstinada resistencia. En el transcurso de las dos semanas siguientes, los soviéticos lanzaron ataque tras ataque, forzando a los finlandeses a retroceder en líneas de defensa cada vez más débiles.

Mientras este asalto continuaba, los finlandeses respondieron a la llamada de Stalin para negociar. Al final, sin embargo, no fue realmente una negociación, sino que los finlandeses recibieron una serie de demandas de los rusos, lo que ocurrió el 23 de febrero. Los soviéticos exigieron lo que habían pedido originalmente más algunas peticiones adicionales: más islas en el golfo de Botnia, todo el istmo de Carelia y la orilla norte del lago Ladoga. A cambio, Stalin devolvería Petsamo, el único puerto de Finlandia libre de hielo en el océano Ártico, aunque no se les permitió estacionar allí buques de guerra.

En realidad, dada la personalidad de Stalin y el poder de las fuerzas soviéticas, los términos eran bastante generosos, relativamente hablando. Probablemente estaba nervioso por lo que los británicos y los franceses podrían hacer, y quería que la guerra de invierno terminara rápidamente por su temor a la invasión de Hitler.

El 12 de marzo, los finlandeses enviaron una delegación a Moscú y firmaron los términos del alto al fuego tal y como lo habían establecido Stalin y Molotov. La guerra de invierno, llamada Talvisota en finlandés, terminó el 13 de marzo de 1940.

Los finlandeses habían sufrido casi 26.000 bajas. Perdieron alrededor del 10 por ciento de su territorio y tuvieron que absorber 400.000 refugiados de las zonas que ahora se encontraban en la Unión Soviética (y que aún hoy forman parte de Rusia). Pero podría haber sido mucho, mucho peor, y la mayoría de los finlandeses lo sabían. La valentía y la habilidad de las tropas finlandesas, el espíritu de *sisu* mostrado por Lotta Svärd y todos los finlandeses, y el liderazgo del Mariscal Mannerheim habian salvado a Finlandia de un completo desastre.

En el escenario mundial, los soviéticos estaban muy avergonzados por su actuación en la guerra de invierno. La mayoría de los historiadores creen que Hitler, que ya se inclinaba por una invasión a la URSS, se sintió alentado por lo que vio en Finlandia. Sin embargo, Hitler y otros deberían haber mirado un poco más profundo, porque, al final de la guerra, los soviéticos habían demostrado ser capaces de llevar a cabo una ofensiva moderna después de aprender y reagruparse. Aunque los alemanes castigarían a los soviéticos en su invasión a la URSS en 1941, esto se debió al tiempo que les llevó a los soviéticos recuperarse de las purgas de los años 30 y absorber las lecciones de Finlandia y de la primera parte de la Segunda Guerra Mundial. Una vez que se reagruparon, haciéndolo a gran escala, se volvieron incluso mejores en el blitzkrieg de lo que habían sido los alemanes.

Para Finlandia, la invasión de Hitler a la URSS le presentó la oportunidad de recuperar la tierra perdida. Así que, en 1941, se unieron a Hitler. No formaron un gobierno fascista antisemita, y aunque Hitler y su jefe de las SS, Henrich Himmler, presionaron a Finlandia para que entregara a sus judíos a Alemania, aparte de un incidente vergonzoso y trágico, la comunidad judía de Finlandia permaneció a salvo e incluso sirvió en el ejército finlandés.

Los finlandeses se unieron a Hitler, y Mannerheim dejó claro que sus fuerzas no avanzarían más allá de las líneas originales de las fronteras de Finlandia antes de la Guerra de Invierno. Aunque Hitler intentó por todos los medios que los finlandeses ayudaran en el asedio alemán a Leningrado, no lo hicieron. La guerra de continuación, conocida como *Jaktosota* en finlandés, seguiría siendo una guerra mayormente estática. Los finlandeses recuperaron lo que se había perdido en la guerra de invierno y algunas pequeñas partes de la Carelia soviética, en la que vivían muchas etnias finlandesas.

Sin embargo, cuando las mareas se volvieron contra Hitler, también se volvieron contra Finlandia. Stalin le dio a Finlandia un ultimátum de que debían expulsar o desarmar a los alemanes y renunciar a lo que habían ganado de 1941 a 1944 o enfrentarse a una invasión completa. Sabiamente, los finlandeses siguieron las demandas de los soviéticos, y los alemanes sorprendentemente se fueron sin mucho argumento. Esto probablemente salvó a Finlandia del destino de los aliados de Alemania en Europa del Este, Rumania, Bulgaria y Hungría, todos los cuales fueron tomados por la Unión Soviética y convertidos en estados títeres.

Por su parte, al mariscal Mannerheim se le atribuyó una especie de victoria en la guerra de invierno, ya que mantuvo a Finlandia a salvo de la URSS y de Alemania (la espada y la pared, si es que alguna vez hubo una), y la guerra terminó considerándolo un héroe más grande de lo que había sido antes. Murió en 1951 de una úlcera. Curiosamente, la única grabación de Hitler en una conversación es una grabación secreta que un ingeniero de sonido finlandés hizo durante su encuentro con Mannerheim en 1942, en la que Hitler admite que atacar a la URSS fue probablemente un error. Esta es quizás la mayor subestimación de todos los tiempos.

Vea más libros escritos por Captivating History

Bibliografía

Clements, J. MANNERHEIM: PRESIDENT, SOLDIER, SPY. Haus Publishing, 2012.

Dear, I., y M. R. Foot. THE OXFORD COMPANION TO WORLD WAR II. Oxford: Oxford University Press, 1995.

Edwards, Robert. THE WINTER WAR: RUSSIA'S INVASION OF FINLAND, 1939-1940. New York: Simon & Schuster, 2009.

"HyperWar: The Soviet-Finnish War, 1939-1940 (USMA)." Accedido el 27 de abril de 2020.

www.ingramcontent.com/pod-product-compliance
Lightning Source LLC
LaVergne TN
LVHW042000060526
838200LV00041B/1796